AF094142

www.ingramcontent.com/pod-product-compliance
Lightning Source LLC
LaVergne TN
LVHW020450070526
838199LV00063B/4908
* 9 7 8 9 3 5 8 7 2 0 1 1 2 *

ٹیگور کی کہانی

مصنف:
صفدر حسین

© Taemeer Publications

Tagore ki kahani
by: Safdar Hussain
Edition: May '2023
Publisher & Printer:
Taemeer Publications, Hyderabad.

ISBN 978-93-5872-011-2

مصنف یا ناشر کی پیشگی اجازت کے بغیر اس کتاب کا کوئی بھی حصہ کسی بھی شکل میں بشمول ویب سائٹ پر اَپ لوڈنگ کے لیے استعمال نہ کیا جائے۔ نیز اس کتاب پر کسی بھی قسم کے تنازع کو نمٹانے کا اختیار صرف حیدرآباد (تلنگانہ) کی عدلیہ کو ہو گا۔

© تعمیر پبلی کیشنز

کتاب	:	**ٹیگور کی کہانی**
مصنف	:	**صفدر حسین**
صنف	:	سوانح
ناشر	:	تعمیر پبلی کیشنز (حیدرآباد، انڈیا)
زیرِ اہتمام	:	تعمیر ویب ڈیولپمنٹ، حیدرآباد
سالِ اشاعت	:	۲۰۲۳ء
تعداد	:	(پرنٹ آن ڈیمانڈ)
طابع	:	تعمیر پبلی کیشنز، حیدرآباد - ۲۴
صفحات	:	۱۱۲
سرورق ڈیزائن	:	تعمیر ویب ڈیزائن

ترتیب

بچپن 7
اسکول کے دن 12
انگلستان کا سفر 19
دیہات سدھار کا کام 26
شانتی نکیتن 29
بنگال کی تقسیم 37
نوبل پرائز 44
جلیان والا باغ 53
وِشوا بھارتی 59
سری نکیتن 63
باہر کے مُلکوں کا سفر 70
تصویریں بنانے کا کام 81
آخری زمانہ 84
رابندر ناتھ ٹیگور کی زندگی کے اہم واقعات 108
قومی ترانہ 112

عہد نامہ

ہندوستان میرا مادرِ وطن ہے۔ تمام ہندوستانی میرے بھائی بہن ہیں۔ میں اپنے ملک سے محبّت کرتا ہوں اور مجھے اس کے متنوع اور بیش بہا ورثہ پر فخر ہے۔ میں ہمیشہ اِس کے شایانِ شان بننے کی کوشش کروں گا۔ میں اپنے والدین استادوں اور تمام بڑوں کا ادب کروں گا اور ہر ایک سے خوش خلقی سے پیش آؤں گا۔

میں اپنے مُلک اور اپنے لوگوں سے عقیدت کا عہد کرتا ہوں۔ اُن کی بھلائی اور خوش حالی ہی میں میری خوشی مُضمر ہے۔

بچپن

ایسا کون ہندوستانی ہے جو گرودیو رابندر ناتھ ٹیگور کو نہ جانتا ہو۔ آج بچّہ بچّہ کی زبان پر اُن کا نام ہے۔ نہ صرف ہندوستان بلکہ دُنیا کے سارے لوگوں سے انھیں محبّت تھی۔ انھوں نے اپنی ساری زندگی دیس کی خدمت میں گزار دی۔ وہ ایک بہت بڑے شاعر ہونے کے ساتھ ساتھ سچّے دیش بھگت تھے۔ وہ دُنیا کے سارے انسانوں کو اپنا بھائی سمجھتے تھے۔ اسی لیے ان کی قایم کی ہوئی یونیورسٹی "وشوا بھارتی" میں آج بھی ہر مُلک، ہر زبان اور ہر مذہب کے لوگ پڑھنے کے لیے آتے ہیں۔

رابندر ناتھ ٹیگور ۷ مئی سنہ ۱۸۶۱ء کو بنگال کے ایک امیر گھرانے میں پیدا ہوئے۔ ان کے خاندان کی مغل بادشاہوں کے آخری زمانے میں بڑی عزّت تھی اور جب انگریزوں کا

دور شروع ہوا تب بھی ان کے خاندان کی ویسی ہی عزّت کی جاتی تھی۔

ٹیگور کے دادا، دوارکا ناتھ بہت مال دار آدمی تھے اور مصیبت کے وقت ہر ایک کی روپے پیسے سے مدد کرتے تھے۔ ان کے ان ہی نیک کاموں کی وجہ سے آج تک بنگال کے چھوٹے بڑے سب ہی ان کا نام بڑی عزّت سے لیتے ہیں۔

ایک دفعہ تو انہوں نے ایک انگریز جج کی پریشانی دیکھ کر اُس کو ایک لاکھ روپے دے دیئے تا کہ وہ اپنا قرض چکا کر اپنے دیس انگلستان واپس جا سکے۔ اگر اُس وقت دوارکا ناتھ اس کی مدد نہ کرتے تو اس کا ہندوستان سے واپس جانا ناممکن تھا۔ اس طرح بہت سے لوگوں کی مدد کرنے کی وجہ سے مرتے وقت ان پر ایک کروڑ روپے کا قرض تھا۔ جس کو ٹیگور کے والد مہارشی دیوندر ناتھ نے ادا کیا۔

دیوندر ناتھ بہت سادہ زندگی گزارتے تھے اور اُن کا اکثر وقت پُوجا پاٹ میں گزرتا تھا۔ اسی لیے وہ "مہارشی" کہلاتے ہیں۔

رابندر ناتھ ٹیگور کے چودہ بھائی بہن تھے اور وہ ان سب

سے چھوٹے تھے۔ جب ٹیگور پیدا ہوئے تو ان کے بہت سے بہنوں اور بھائیوں کی شادیاں ہو چکی تھیں اور ان کے بھانجے بھتیجے قریب قریب ان ہی کی عمر کے تھے۔

اگرچہ کہ ٹیگور کا خاندان بہت مالدار تھا لیکن بچّوں کی پرورش بہت سادہ طریقے پر کی جاتی تھی کیونکہ ان کے والد کو ٹھاٹھ باٹ کی زندگی پسند نہ تھی۔ سارے خاندان کا کھانا پینا اور کپڑے دونوں ہی سادہ تھے۔ یہاں تک کہ ٹیگور کے پاس بچپن میں جوتے کی ایک سے زیادہ جوڑی نہ ہوتی تھی اور دس سال کی عمر تک انھوں نے کبھی موزہ نہیں پہنا۔ ٹیگور کو بھی اپنے گھر کی سادہ زندگی بہت پسند تھی لیکن اس سادہ زندگی کے باوجود گھر پر بچوں کی دیکھ بھال کے لیے کئی نوکر رکھے گئے تھے۔ ٹیگور کے بچپن کے ساتھی بھی نوکر چاکر تھے جنہیں وہ بہت چاہتے تھے۔ بچپن کا اُن کا زیادہ تر وقت ان ہی نوکروں کے ساتھ کٹتا تھا۔

جب ٹیگور چھوٹے سے ننھے تو ایک کام چور نوکر نے جو انہیں گھر پر چھوڑ کر کچھ دیر کے لیے باہر جانا چاہتا تھا برآمدے کے ایک کونے میں انہیں کھڑا کر دیا اور چاک سے ان کے اطراف ایک دائرہ بنا دیا اور ڈرا کر کہا کہ اگر وہ اس دائرے

سے باہر قدم رکھیں تو ان پر کوئی نہ کوئی مصیبت آجائے گی۔ ننھے ٹیگور نوکر کی اس ہوشیاری کو سمجھ نہ سکے اور خاموش کھڑے سوچتے رہے کہ کس طرح اس دائرہ سے باہر نکل جائیں اور کوئی مصیبت بھی نہ آنے پائے۔ ابھی وہ کوئی ترکیب نکالنے بھی نہ پائے تھے کہ نوکر نے اپنے کام سے واپس آکر اس دائرہ کو مٹا دیا اور ٹیگور کو گود میں اُٹھالیا۔

ٹیگور کے بچپن کا زیادہ تر حصّہ گھر کی چار دیواری ہی میں بسر ہُوا۔ وہ نوکروں اور بھائی بہنوں کے بچوں کے ساتھ کھیلتے رہتے اور جب گھر کے سارے بچّے اسکول چلے جاتے وہ اکیلے گھر کے ورانڈے کے ایک کونے میں بیٹھے باہر کا تماشہ دیکھا کرتے۔

جب بیٹھے بیٹھے اُن کا جی اُکتا جاتا تو وہ گھر کے اُن اندھیرے کمروں میں جاتے جہاں بڑے بڑے پیپوں میں سال بھر کے لیے پینے کا پانی جمع کیا جاتا تھا۔ کیونکہ آج کل کی طرح اُن دنوں پانی کے نل نہ تھے نوکر انھیں ہمیشہ ان کمروں میں جانے سے روکتے اور یہ کہہ کر ڈراتے تھے کہ ان کمروں میں دیو رہتے ہیں جن کی آنکھیں سینہ پر ہوتی ہیں اور کان ہاتھی جیسے ہوتے ہیں۔

ٹیگور ان ہی دیوؤں کو دیکھنے کے شوق میں نوکروں کے روکنے کے باوجود ان اندھیرے کمروں میں جاتے لیکن انھیں وہاں کوئی دیو دکھائی نہ دیتا۔

گھر کے دوسرے بچے جب اسکول سے واپس آتے تو کبھی کبھی سب بچوں کے ساتھ ٹیگور بھی نوکر کے کمرے میں جاتے، جس میں ایک دھیما سا چراغ جلتا رہتا کیونکہ آج کل کی طرح ان دنوں بجلی نہیں تھی نوکر انھیں رامائن کے قصے سنایا کرتا تھا اور اکثر شام میں اُن کی والدہ شاردا دیوی انھیں پریوں کی کہانیاں سنایا کرتی تھیں۔ ننھے ٹیگور گھر کے دوسرے بچوں کو اسکول جاتا دیکھ کر مچل جاتے اور اُن کے ساتھ جانے کے لیے ضد کیا کرتے۔ چونکہ وہ ابھی بہت چھوٹے تھے، اس لیے انھیں اسکول نہیں بھیجا جاسکتا تھا۔

اِسکول کے دِن

ٹیگور جب ذرا بڑے ہوئے تو اسکول جانے لگے۔ اسکول میں ان کی مادری زبان بنگالی کے بجائے ساری تعلیم انگریزی زبان میں دی جاتی تھی جو ان کے لیے بالکل نئی تھی۔ اس کے باوجود انہوں نے بڑی محنت سے بہت جلد انگریزی زبان سیکھ لی۔

ٹیگور اسکول کے علاوہ گھر پر بھی پڑھا کرتے تھے۔ وہ سورج نکلنے سے پہلے ہی بستر سے اُٹھ جاتے اور کچھ دیر ورزش کرنے کے بعد پڑھنا شروع کر دیتے۔ نو بجے تک اُستاد انہیں بنگالی زبان تاریخ، جغرافیہ، حساب اور سائنس پڑھاتے۔ شام کو جب وہ اسکول سے واپس آتے تو گھر پر جمناسٹک کا استاد موجود رہتا۔ کچھ ہی دیر بعد پھر ڈرائنگ کا استاد بھی آجاتا۔ رات کے کھانے کے بعد انگریزی پڑھا کرتے۔ اسطرح

رات کے نو بجے تک وہ پڑھائی ختم کر کے سیدھے اپنی والدہ کے کمرے میں چلے جاتے اور ان سے کہانی سُنانے کے لیے کہتے۔ مگر کہانی ختم ہونے سے پہلے وہ سو جاتے۔

ان کو تو اتوار کو بھی چھٹی نہ ملتی تھی۔ اس دن جب دوسرے بچے کھیلتے کودتے رہتے تو ٹیگور استاد کے پاس بیٹھے گانا سیکھتے رہتے اور اس کے بعد سنسکرت پڑھتے تھے۔

ٹیگور آخر بچہ ہی تھے، رات دن کی پڑھائی سے اُکتا جاتے اور چھٹی کے لیے بے چین رہا کرتے تھے۔ ان کو چھٹی ملتی بھی تو کیسے؟ جب کہ ان کا کوئی استاد نہ تو کبھی بیمار ہوتا اور نہ کبھی ناغہ کرتا۔

ایک دِن مُوسلا دھار بارش ہو رہی تھی، ٹیگور بہت خوش تھے کہ آج تو چھٹی مِل ہی جائے گی کیونکہ استاد ایسی بارش میں نہ آسکیں گے۔ وہ اسی خیال میں ورانڈے میں بیٹھے بارش کا تماشہ دیکھ رہے تھے کہ اچانک گلی کے موڑ پر انہیں ایک چھتری دکھائی دی اور ٹیگور سمجھ گئے کہ استاد جی آرہے ہیں۔ گو ان کے مکان کی گلی میں گھٹنے برابر پانی تھا اس کے باوجود استاد پہنچ ہی گئے۔ انہیں دیکھ کر ٹیگور کا دل دھڑکنے لگا لیکن انہیں کتابیں بغل میں دبائے استاد کے سامنے آنا ہی پڑا۔

شروع میں انہیں ایک انگریزی اسکول میں شریک کرایا گیا تو وہ شوق سے اسکول جانے لگے لیکن چند روز بعد جب وہاں ان کا جی نہ لگا تو انہیں نارمل اسکول میں شریک کرایا گیا لیکن یہاں بھی وہ زیادہ دنوں تک نہ پڑھ سکے اور اسکول چھوڑ دیا کیونکہ وہاں اکثر استاد لڑکوں کو مارا کرتے تھے جو انہیں پسند نہ تھا۔

ٹیگور جب تک اس اسکول میں پڑھتے رہے، جماعت میں سب سے الگ ایک کونے میں بیٹھے باہر سڑک پر دیکھا کرتے تھے لیکن جب امتحان میں سب سے اوّل آئے تو استادوں کو شک ہُوا کہ انہوں نے نقل کر کے یا پیسے دے کر اوّل درجے میں، امتحان پاس کیا ہے۔ اسی شبہ پر ان کا دوبارہ امتحان لیا گیا اور اس مرتبہ استاد اُن کے سامنے بیٹھے رہے لیکن جب اِس بار بھی وہ اوّل آئے تو استاد حیران رہ گئے اور ٹیگور کی قابلیت کو مان لیا۔

نارمل اسکول کے بعد انہیں بنگال اکیڈمی میں شریک کرایا گیا لیکن وہاں بھی ٹیگور کو اسکول سے کوئی دلچسپی نہ ہوئی اسطرح انہوں نے کئی اسکول بدلے، جس کی وجہ سے اسکول کی باقاعدہ تعلیم حاصل نہ کر سکے۔ چنانچہ آخر میں ان کے والد نے گھر پر ہی

تعلیم کا انتظام کر دیا۔ چونکہ ٹیگور کے والد خود بھی کافی پڑھے لکھے تھے۔ انہوں نے اپنی نگرانی میں اپنے لڑکے کو ایسی تعلیم دی کہ وہ اپنی عمر کے لڑکوں سے کہیں آگے نکل گئے۔

ٹیگور کو بچپن ہی سے ہرے بھرے کھیت، تالاب اور آسمان پر دوڑتے ہوئے بادلوں کو دیکھنے سے بہت دلچسپی تھی اور باغ کی سیر سے تو وہ بہت خوش ہوتے تھے۔ ان کا یہ شوق بڑے ہونے کے بعد تو اور بھی بڑھ گیا تھا چنانچہ اس بارے میں وہ خود لکھتے ہیں کہ:

"میں خوشی کے مارے پھولا نہ سماتا جب میری آنکھوں کے آگے آسمان پر بادل ایک دوسرے کو پکڑنے کی کوشش کرتے نظر آتے۔ میں ان کو دیکھنے میں اتنا کھو جاتا کہ یہ محسوس ہونے لگتا کہ میں بھی ایک بادل ہوں۔"

ٹیگور شہر کے مقابلہ میں گاؤں کی زندگی کو زیادہ پسند کرتے تھے، کیونکہ وہاں انہیں پہاڑ، دریا، کھیت، جنگل غرض کہ ہر چیز کے دیکھنے میں خوشی محسوس ہوتی تھی۔ قدرت کی ان خوبصورت چیزوں سے دلچسپی کی وجہ ٹیگور بہت جلد ایک شاعر بن گئے۔

چنانچہ آٹھ سال کی چھوٹی عمر ہی میں انھوں نے اپنی پہلی نظم لکھی اور جب وہ گیارہ سال کے ہوئے تو ان کی نظمیں رسالوں میں چھپنے لگیں۔

وہ گیارہ سال کی عمر میں پہلی بار سیر کی غرض سے کلکتہ سے باہر اپنے والد کے ساتھ "شانتی نکیتن" گئے۔ شانتی نکیتن کو اُن کے والد نے شہر سے دُور عبادت کے لیے بنوایا تھا۔ اس وقت وہ ایک سُنسان مقام تھا اور اسی وجہ سے انھوں نے اس کا نام "شانتی نکیتن" رکھا۔ شانتی نکیتن میں کچھ دن ٹھہرنے کے بعد ٹیگور اپنے والد کے ساتھ پنجاب گئے اور ایک مہینے تک امرتسر میں رہے۔ امرتسر میں اُن کے والد نے سکھوں کا مشہور "سُنہری گردوارہ" دکھایا۔ امرتسر سے وہ ایک خوبصورت پہاڑی مقام "ڈلہوزی" گئے۔ ٹیگور یہاں کھیل کُود کے ساتھ ساتھ پڑھتے بھی رہے اور والد سے سنسکرت اور عربی زبان بھی سیکھتے رہے، اور انھوں نے اپنی عمر میں پہلی مرتبہ کالی داس کی لکھی ہوئی کتاب "میگھ دا تا" یہیں پڑھی، جو انھیں بہت پسند آئی۔ ٹیگور کے والد نے انھیں پڑھائی کے ساتھ ساتھ سادہ زندگی اور سخت محنت کے کام کرنے کی بھی عادت ڈالی۔ ڈلہوزی کی سخت

سردی میں بھی ٹیگور سورج نکلنے سے پہلے ہی ٹہلنے کے لیے جاتے اور واپس آکر برف جیسے ٹھنڈے پانی سے نہایا کرتے کیونکہ انھیں گرم پانی سے نہانے کی اجازت نہ تھی۔ یہیں تاروں بھری راتوں میں ان کے والد انھیں ستاروں اور سیاروں کے بارے میں سمجھاتے۔ ٹیگور جب بڑے ہو گئے تو انھوں نے ستاروں کے بارے میں آسان زبان میں بچّوں کے لیے ایک کتاب بھی لکھی۔

ڈلہوزی سے کلکتہ واپس آکر وہ اپنے بڑے بھائی دِیجندر ناتھ کے پاس رہنے لگے۔ اُن کے یہ بھائی ایک اچھے شاعر تھے۔ جن سے ٹیگور نے شاعری کے بارے میں بہت سی باتیں سیکھیں۔ اس طرح دوسرے بھائی جوتندر ناتھ نے ان کو ڈراموں میں کام کرنا سکھایا۔ اُن کے بھائی جوتندر ناتھ کو ڈرامہ کھیلنے کے ساتھ ساتھ پیانو اور وائلن بجانے کا بھی شوق تھا۔ ٹیگور اکثر شام کے وقت اپنے بھائی اور بھابی کے ساتھ برآمدے میں بیٹھتے اور ان کے بھائی وائلن بجاتے تو ٹیگور گایا کرتے تھے۔ اپنے دونوں بھائیوں کی اس تعلیم سے ٹیگور آگے چل کر ایک بڑے شاعر اور ڈرامہ لکھنے والے بن گئے۔

ابھی ٹیگور چودہ سال کے بھی نہ ہونے پائے تھے کہ اُن کی

والدہ کا انتقال ہوگیا۔ اس چھوٹی سی عمر میں والدہ کی موت سے ٹیگور کو بہت دُکھ ہوا۔ ماں کے بغیر انہیں گھر اچھا نہ لگتا تھا۔ ان کی بھابی اور بہن سوریہ کماری نے ان کے ساتھ ماں جیسا سلوک کیا اور انہیں ہمیشہ خوش رکھنے کی کوشش کرتی رہیں۔ ماں کے مرنے کے بعد ٹیگور کا زیادہ وقت اپنی بھابی کے ساتھ گزرتا تھا، جو انہیں بہت چاہتی تھیں۔

ٹیگور کو چھوٹی عمر سے کہانیاں اور نظمیں لکھنے کا شوق تو تھا ہی اور جب اُن کے ایک بھائی ویجندر ناتھ نے بنگالی زبان میں ایک رسالہ "بھارتی" نکالنا شروع کیا تو ٹیگور کو اس رسالہ میں نظمیں اور کہانیاں لکھنے کا اچھا موقع مِلا۔ اس طرح ان کا یہ نظمیں لکھنے کا شوق اور بڑھ گیا۔

ٹیگور۔ اسٹیج پر والمیکی کے رول میں
(۱۸۸۳ء)

انگلستان کا سفر

ٹیگور کے ایک اور بھائی ستیندر ناتھ نوکری کے سلسلہ میں احمد آباد میں رہتے تھے، لیکن ان کی بیوی اور بچے انگلستان میں تھے۔ جب وہ اپنی بیوی بچوں کو ہندوستان واپس لانے کے لیے انگلستان جانے لگے تو اپنے والد کو لکھا کہ وہ ٹیگور کو بھی اپنے ساتھ لے جانا چاہتے ہیں تاکہ وہ وہاں بیرسٹری کی تعلیم پا سکیں۔ ٹیگور کے والد انہیں انگلستان بھیجنے کے لیے راضی ہو گئے تو ان کے بھائی نے انگلستان جانے سے چھ مہینے پہلے ہی ٹیگور کو اپنے پاس احمد آباد بُلا لیا تاکہ وہ ان کے ساتھ رہ کر انگریزی بات چیت اچھی طرح سیکھ لیں۔

ستمبر ۱۸۷۸ء میں سترہ سال کی عمر میں ٹیگور اپنے بھائی کے ساتھ انگلستان روانہ ہو گئے۔ وہاں پہنچنے پر انگلستان کے ایک شہر برائٹن کے ایک پبلک اسکول میں انہیں شریک کرایا گیا کیونکہ

اس شہر میں اُن کی بھابی اور بچے رہتے تھے۔ ٹیگور بچپن ہی سے ہنس مُکھ اور ملنسار تھے۔ تھوڑے ہی دنوں میں انہوں نے اسکول میں بہت سارے دوست بنا لیے۔ وہاں کے بچے انہیں چھیڑنے یا ستانے کے بجائے چُپکے سے ان کی جیبوں میں چاکلیٹ ڈال دیا کرتے تھے۔

ٹیگور نے انگلستان میں جب وہاں کے لوگوں کی سچائی اور ایمانداری کو دیکھا تو حیران رہ گئے۔ ایک مرتبہ جب وہ ریل سے اُترے تو ایک قلی نے ان کا سامان اُٹھا کر موٹر میں رکھا جیب ٹٹولنے پر کوئی پنس نہ مِلا تو ٹیگور نے آدھا پونڈ ہی دے دیا۔ موٹر چلنے لگی تو قلی دوڑا ہوا آیا اور کہنے لگا کہ جناب آپ نے بھولے سے ایک پنس کے بجائے آدھا پونڈ دے دیا ہے۔ اس واقعہ سے ٹیگور کے دل میں انگریزوں کی عزت اور بڑھ گئی۔

برائٹن کے پبلک اسکول میں تعلیم ختم کرنے کے بعد ٹیگور شہر لندن آ گئے تاکہ یہاں لندن یونیورسٹی میں انگریزی زبان کی اعلیٰ تعلیم حاصل کر سکیں۔ یہاں اُن کے رہنے اور کھانے کا انتظام ایک انگریز مسٹر اسکاٹ کے گھر کر دیا گیا۔ اُس انگریز کی بیوی ٹیگور کو اپنا ہی بچہ سمجھ کر ہر طرح سے ان کی دیکھ بھال کرتی تھیں گھر کے

دوسرے لوگ بھی ٹیگور کو اپنے ہی خاندان کا ایک آدمی سمجھتے تھے۔ ان لوگوں کے اس محبت کے برتاؤ سے ٹیگور خود کو اپنے ہی گھر میں محسوس کرنے لگے۔ لیکن کبھی کبھی ان کو اپنے وطن ہندوستان کی یاد آ ہی جاتی تھی۔

ٹیگور کو انگلستان میں رہتے ہوئے ابھی چودہ مہینے ہی ہوئے تھے کہ ان کے بھائی ستیندر ناتھ نے ہندوستان واپس آتے ہوئے ان کو بھی ساتھ لے لیا اور اس طرح ان کی تعلیم ادھوری رہ گئی۔ البتہ انگلستان میں رہنے کی وجہ ٹیگور نے وہاں کے لوگوں سے مِل جُل کر بہت سی اچھی باتیں سیکھیں جو کتابوں سے نہ سیکھی جا سکتی تھیں۔

چونکہ ٹیگور کے خاندان کے سارے لوگ ان کو بیرسٹر بنانا چاہتے تھے اس لیے ان کے انگلستان سے واپس آنے کے تین سال بعد ہی انہیں دوبارہ انگلستان بھیجا گیا تاکہ وہ اپنی تعلیم پوری کر سکیں۔ اس مرتبہ وہ اپنے ایک چچازاد بھائی کے ساتھ سفر پر روانہ ہوئے لیکن مدراس تک بھی نہ پہنچنے پائے تھے کہ ان کے بھائی سخت بیمار ہو گئے جس کی وجہ سے ٹیگور بھی ان کے ساتھ کلکتہ واپس آ گئے۔ اس بار ٹیگور کو انگلستان نہ جانے کا کوئی افسوس نہ ہوا، کیونکہ وہ بیرسٹر بننا نہیں چاہتے تھے۔

اس چھوٹے سے سفر سے واپس آنے کے بعد ٹیگور کو اپنی نظمیں اور ڈرامے لکھنے کے شوق کو پورا کرنے کے لیے کافی وقت مِلا۔ چنانچہ انہوں نے بیس سال ہی کی عمر میں "وَالمِیکی پَرِتیبھا" نامی ڈرامہ لکھا جو اتنا مشہور ہوا کہ آج بھی ہر جگہ کھیلا جاتا ہے۔ اس ڈرامہ میں ٹیگور نے ڈاکوؤں کے ایک سردار کی زندگی دکھائی ہے کہ کس طرح وہ بُرے کام چھوڑ کر ایک نیک آدمی بن گیا اور اپنی باقی زندگی عبادت میں گذارنے لگا۔ یہ اس ڈاکو کا قِصّہ ہے جو آگے چل کر "والمیکی جی" بن گئے اور جنہوں نے "رامائن" جیسی مقدس کتاب لکھی۔ ٹیگور نے نہ صرف یہ ڈرامہ لکھا بلکہ خود بھی اس ڈرامہ میں والمیکی کا پارٹ کیا۔

چند روز بعد ٹیگور اپنے بھائی جوتندر ناتھ کے ساتھ کلکتہ سے چند میل دُور دریائے گنگا کے کنارے ایک چھوٹے سے مقام چندر نگر میں رہنے لگے۔ یہ ایک بہت ہی خوبصورت جگہ تھی جہاں شہر جیسی گڑبڑ نہ تھی۔ ٹیگور کو یہ مقام بہت پسند آیا۔ وہ یہاں چاندنی راتوں میں کشتی میں بیٹھ کر دریا کی سَیر کرتے۔ "شام کے گیت" نامی نظموں کی کتاب انہوں نے یہیں لکھی، جو بہت مشہور ہوئی جس کے بعد سے ٹیگور کا شمار بنگال کے بڑے شاعروں میں

ہونے لگا۔

سنہ ۱۸۸۲ء میں ٹیگور چندر نگر سے کلکتہ واپس آگئے اور اس کے بعد سے انہوں نے زیادہ تر مذہب کے بارے میں نظمیں لکھنا شروع کیا۔ وہ سمجھتے تھے کہ خدا کو پانے کے لیے سنیاسی بن کر دُنیا کو چھوڑ دینا ضروری نہیں بلکہ دُنیا کے کام کرتے ہوئے بھی ہمیں خدا مِل سکتا ہے۔

اپنے اسی خیال کو ٹیگور نے ”سنیاسی“ نامی ڈرامہ میں اچھی طرح سے ظاہر کیا ہے۔ اسی ڈرامہ میں ایک چھوٹی سی لڑکی کو دکھایا گیا ہے جس کے ماں باپ، بھائی بہن کوئی نہیں ہوتا۔ اسی ڈرامہ میں ایک سنیاسی کو بھی دکھایا گیا ہے جو جنگل میں اکیلا بیٹھ کر عبادت کر رہا ہے، وہ جب اس بے سہارا لڑکی کو دیکھتا ہے تو اس پر ترس کھا کر جنگل سے پھر واپس بستی میں آجاتا ہے تاکہ اس کی دیکھ بھال کرے اور اس طرح سنیاس چھوڑ کر صحیح زندگی گذارنے لگتا ہے۔

ٹیگور جب ۲۲ سال کے ہو گئے تو ان کی شادی مرنالینی دیوی سے کر دی گئی جو ایک نیک اور بڑی سمجھدار عورت تھیں۔ وہ ہمیشہ اپنے شوہر کے آرام کا خیال رکھتی تھیں اور کبھی کوئی ایسا کام نہ کرتیں جس سے ٹیگور ناراض ہوں۔ گھر کے کام کاج میں بہت دلچسپی لیتی

تھیں اور ساتھ ہی ساتھ بچّوں کی دیکھ بھال بھی بہت اچھی طرح کرتی تھیں۔

ٹیگور بھی اپنی بیوی سے بہت ہی اچھا برتاؤ کرتے تھے جب شانتی نکیتن میں اسکول کھولنے کے لیے پیسوں کی ضرورت پڑی تو مرنالینی دیوی نے نہ صرف اپنے سارے زیور شوہر کو دیدیے بلکہ اسکول کھولا گیا تو وہاں رہنے والے سارے لڑکوں کے لیے وہ خود کھانا پکاتی تھیں اور ان سب سے بڑی محبّت سے پیش آتی تھیں۔ اس واقعہ کے بعد سے ٹیگور کے دل میں اپنی بیوی کے لیے محبّت اور بڑھ گئی۔

ٹیگور کے دو لڑکے اور تین لڑکیاں تھیں جنھیں وہ بہت زیادہ چاہتے تھے کیونکہ بچّوں سے تو ان کو شروع ہی سے پیار تھا۔

ٹیگور کو جب گھریلو کاروبار سے فرصت ملتی تو وہ شہر کی گرد برد سے دُور کسی ایک خاموش جگہ چلے جاتے اور وہاں نظمیں لکھتے۔ ان ہی دنوں ان کی بھابی نے بچّوں کے لیے ایک رسالہ "بالک" نکالنا شروع کیا تھا۔ اس رسالہ کے لیے بھی ٹیگور نظمیں اور مضامین لکھنے لگے۔ اُن کو اپنے وطن بنگال سے بڑی محبّت تھی

چنانچہ انہوں نے اکثر وطن کی تعریف میں نظمیں لکھیں۔ ان کی مشہور نظموں میں ایک پیاری نظم "سُنہرا بنگال" بھی ہے۔

دیہات سُدھار کا کام

ٹیگور جب کافی بڑے ہو گئے تو ان کے والد نے زمینداری کی دیکھ بھال کا سارا کام اُن کو دے دیا۔

ٹیگور نے اس کام کی نگرانی کے لیے دریائے پدما کے کنارے ایک جگہ ''شیلدہ'' پسند کی اور وہیں رہنے لگے۔ شیلدہ آنے سے پہلے تک انہیں گاؤں والوں کی زندگی کے بارے میں کچھ بھی معلوم نہ تھا۔ یہاں آنے کے بعد وہ اکثر کشتی میں بیٹھ کر ایک گاؤں سے دوسرے گاؤں جاتے اور وہاں کسانوں سے مِل کر ان کی مشکلات معلوم کرتے۔ اس طرح تین سال کے اندر ہی وہ کسانوں کی مشکلات کو اچھی طرح سمجھ گئے اور اُن کے دل میں کسانوں اور غریب دیہاتیوں کے لیے ہمدردی پیدا ہو گئی۔ وہ چاہتے تھے کہ جس طرح شہر کے لوگ آرام کی زندگی گذارتے ہیں اسی طرح گاؤں میں رہنے والے غریب مزدور اور کسان جو شہر والوں کے

مقابلہ میں زیادہ محنت اور ایمانداری سے کام کرتے ہیں، آرام کی زندگی گذار سکیں۔

اس زمانہ میں زمیندار ، کسانوں کو اپنا غلام سمجھتے تھے اور طرح طرح سے ستاتے تھے۔ یہ باتیں ٹیگور کو بہت بُری لگتی تھیں کیونکہ وہ ہر انسان کو برابر سمجھتے تھے چاہے وہ کسان ہو یا زمیندار۔

غریب کسانوں کے لیے ٹیگور نے سب سے پہلے گاؤں میں مدرسے اور دواخانے کھولے۔ اس کے بعد انہوں نے کلکتہ کے بڑے بڑے بنک کے مالکوں سے درخواست کی کہ وہ غریب کسانوں کو قرضے دیں تاکہ وہ زمینداروں کے قرضے چکا دیں جس کی وجہ سے کسانوں کو آئے دن پریشانیاں اُٹھانی پڑتی تھیں۔

ٹیگور نہ صرف یہ چاہتے تھے کہ کسان اچھی زندگی گذاریں بلکہ انہوں نے کاشتکاری کے بہت سے پُرانے طریقوں کو بدل کر نئے طریقے بنائے، جس کی وجہ سے اناج زیادہ پیدا ہونے لگا۔

ٹیگور کو کسانوں سے اتنی زیادہ ہمدردی ہو گئی تھی کہ وہ ہر طرح سے ان کی مدد کرنا چاہتے تھے۔ انہوں نے ملک کے سارے لوگوں سے درخواست کی کہ وہ اپنے غریب کسان بھائیوں کی مدد کریں تاکہ انہیں بھی پیٹ بھر روٹی اور تن کو کپڑا ملے۔

اتنے سارے گاؤں سُدھار کے کاموں کے باوجود ٹیگور نظمیں اور مضامین برابر لکھتے رہے۔ ان دنوں وہ خود ایک رسالہ ”سادھنا“ بھی نکالتے تھے جس میں سارے کے سارے ان ہی کے لکھے ہوئے مضامین ہوتے تھے۔

ٹیگور کو نظمیں لکھنے کا اتنا زیادہ شوق تھا کہ چالیس سال کی عمر تک انہوں نے تین ہزار نظمیں لکھ ڈالیں۔

اس زمانے میں انہوں نے ”چترا انگدا“ جیسا مشہور ڈرامہ بھی لکھا جو آج بھی دُنیا کے بہت سے ملکوں میں کھیلا جاتا ہے۔

شانتی نکیتن

دس سال تک شیلدہ میں کسانوں کی بھلائی کے کام کرنے کے بعد ٹیگور سنہ ۱۹۰۱ء میں شانتی نکیتن آ گئے تاکہ یہاں ایک اسکول کھولیں جو دوسرے اسکولوں سے الگ ایک ایسا اسکول ہو جس میں ہر مذہب، ہر زبان اور ہر قوم کے بچّے مِل جُل کر پڑھ سکیں۔

ٹیگور کے والد نے کلکتہ سے (۹۹) میل دُور ایک آشرم بنوایا تھا اور انہوں نے اس کا نام "شانتی نکیتن" رکھا تھا۔ اسی آشرم میں اسکول کھولنے کے لیے ان کے والد نے اجازت تو دیدی لیکن اس کو چلانے کے لیے ٹیگور کے پاس اتنے پیسے نہ تھے۔ شروع میں انہیں بڑی پریشانیاں اٹھانی پڑیں۔ بعض وقت تو اسکول کا خرچ پورا کرنے کے لیے انہیں اپنی بیوی کے زیورات تک رہن رکھنے پڑے کیونکہ اس وقت لڑکوں سے اسکول کی

فیس نہیں لی جاتی تھی ۔ لیکن انہوں نے کبھی ہمت نہیں ہاری ۔ وہ دُھن کے پکے تھے ۔ ان ساری رُکاوٹوں کے باوجود کسی طرح اسکول چلاتے رہے ۔

یہ وہی "شانتی نکیتن" ہے جو ایک چھوٹے سے اسکول سے ترقی کرتے کرتے آج ایک بڑی یونیورسٹی "وِشوا بھارتی" بن گئی ہے ۔

ٹیگور نے جس وقت شانتی نکیتن کا اسکول شروع کیا تو وہاں صرف پانچ لڑکے پڑھتے تھے ، لیکن آج کئی سو لڑکے اور لڑکیاں تعلیم پاتے ہیں جن میں ہندوستان کے علاوہ دُنیا کے دوسرے ملکوں کے طالب علم بھی ہیں ۔

شانتی نکیتن میں تعلیم کا طریقہ دوسرے اسکولوں سے بالکل الگ ہے ۔ یہاں نہ کرسیاں ہیں نہ بنچ ۔ طالب علم اور استاد درختوں کے سائے میں چھوٹی چھوٹی جماعتیں بنا کر بیٹھتے ہیں تاکہ استاد ہر لڑکے کو اچھی طرح پڑھا سکے ۔

شانتی نکیتن میں اکثر طالب علم رات دن وہیں رہتے ہیں ، اور کچھ نزدیک کے گاؤں سے بھی آ کر پڑھتے ہیں جو شام کو گھر واپس چلے جاتے ہیں ۔ جو طالب علم وہیں رہتے ہیں وہ صبح سورج نکلنے سے

پہلے ہی جاگ جاتے ہیں اور نہا دھو کر ایک جگہ جمع ہوتے ہیں اور سب مل کر خدا کی تعریف کے گیت گاتے ہیں۔ اس کے بعد ناشتہ کر کے تین گھنٹے تک پڑھائی میں لگے رہتے ہیں۔ ساڑھے گیارہ بجے سب مل کر دوپہر کا کھانا کھاتے ہیں۔ دو بجے سے پھر پڑھائی شروع ہو جاتی ہے اور چار بجے ختم ہو جاتی ہے اور پھر سب مل کر کھیل کود میں لگ جاتے ہیں۔ اس کے بعد نہا دھو کر کچھ دیر عبادت کرتے ہیں اور سورج ڈوبنے کے بعد کھانا کھاتے ہیں کھانے کے بعد کوئی اخبار پڑھتا ہے تو کوئی ریڈیو سنتا ہے، جس کو گانے کا شوق ہے وہ گاتا ہے۔ کہیں دو مل کر شطرنج کھیلتے ہیں اور پھر دس بجتے ہی سب سو جاتے ہیں۔ یہاں اتوار کے بجائے بدھ کو چھٹی ہوتی ہے۔ اس دن تمام لڑکے اور لڑکیاں سویرے ہی عبادت کے لیے ایک ہال میں جمع ہو جاتے ہیں جہاں نہ کوئی مورتی ہے اور نہ کوئی تصویر۔ اس ہال میں سب کچھ دیر آنکھیں بند کیے خاموش خدا کا دھیان کرتے ہیں۔

ٹیگور کے لیے سب مذہب برابر تھے۔ وہ کہتے تھے کہ "ہر مذہب کا ماننے والا ایک ہی خدا کو مانتا ہے۔ بچے کسی مذہب کے کیوں نہ ہوں وہ نیک لوگوں کے ساتھ رہ کر خدا سے محبت کرنے لگتے ہیں"۔

اسی لیے شانتی نکیتن میں کسی ایک مذہب کی تعلیم نہیں دی جاتی بلکہ سب ہی دَھرم کی اچھی باتیں بتلائی جاتی ہیں اور اسی لیے عبادت کے واسطے کوئی خاص طریقہ نہیں رکھا گیا ہے۔ البتہ تمام لڑکے اور لڑکیاں روزانہ صبح اور شام ایک جگہ جمع ہوکر ۱۵ منٹ تک خاموش، یادت کرتے ہیں۔

ٹیگور نے اپنی لگاتار کوششوں سے شانتی نکیتن کے اسکول کو گھر جیسا بنایا، جہاں چھوٹے بڑے سب ایک خاندان کے لوگوں کی طرح مل کر رہتے ہیں۔ یہاں رہنے والے لڑکے اور لڑکیوں کو بھی شانتی نکیتن سے اتنی ہی محبت ہے اور وہ بھی اس کو اپنا گھر جیسا ہی سمجھتے ہیں۔

ایک دفعہ شانتی نکیتن کے اسکول کا ایک لڑکا سخت بیمار ہوگیا۔ ڈاکٹروں نے اس کو علاج کے لیے فوراً کلکتہ بھیجنے کا مشورہ دیا چنانچہ ٹیگور نے اس لڑکے کو وہاں بھیجنا چاہا۔ لیکن اس کو شانتی نکیتن سے اس قدر محبت ہوگئی تھی کہ وہ ایک منٹ کے لیے بھی وہاں سے کہیں باہر جانا نہ چاہتا تھا۔ ٹیگور نے اسے بہت سمجھایا کہ تمھاری بیماری کا علاج یہاں نہیں ہوسکتا لیکن اس کے باوجود وہ لڑکا جانے کے لیے راضی نہ ہوا اور آخر کار اس کا شانتی نکیتن ہی میں انتقال

ہو گیا۔

ٹیگور ہر وقت شانتی نکیتن کی ترقی کے بارے میں سوچتے رہتے تھے۔ وہ جہاں بھی رہے انہیں اپنی اسکول کی یاد بُری طرح ستاتی رہی چنانچہ ایک مرتبہ جب کہ وہ یورپ جا رہے تھے تو اسکول کے حالات معلوم کرنے کے لیے جہاز میں بیٹھے بیٹھے ہر روز اپنے ایک دوست کے نام خط لکھتے رہے جو شانتی نکیتن میں رہتے تھے۔ اسی طرح انہوں نے کئی خط لکھے لیکن جہاز سے ان خطوں کو بھیجنے کا کوئی انتظام نہ تھا اس لیے وہ سارے خط ان کے پاس ہی رہے اور سفر سے واپس آنے کے بعد انہوں نے وہ سارے خط اپنے اس دوست کو دے دیے۔

شانتی نکیتن میں پڑھائی، عبادت اور کھیل کود کے علاوہ طالب علموں کو اچھی اور نیک باتیں بھی سکھائی جاتی ہیں، ہر مذہب اور ہر زبان کی عزت کرنا سکھایا جاتا ہے اور ہر جاندار پر رحم کرنے کی تعلیم دی جاتی ہے۔

وہاں بنگالی زبان کے ساتھ ساتھ دوسری زبانوں کی بھی تعلیم کا انتظام ہے۔ اس لیے شانتی نکیتن میں ہر ملک، ہر مذہب اور ہر زبان کے لوگ پڑھنے اور پڑھانے کے لیے آتے ہیں۔

ٹیگور کو بہت خوشی ہوتی جب دوسرے ملکوں سے پڑھانے کے لیے استاد شانتی نکیتن آتے۔

شانتی نکیتن میں ہر فن کی تعلیم کی الگ الگ شاخیں ہیں۔ سنسکرت کی تعلیم کے لیے بھی ایک شاخ ہے جس کا نام "وِدیا بھون" ہے۔ اسی طرح تصویریں بنانے اور پتھر کی مورتیاں بنانے کی بھی الگ الگ شاخ ہے۔ سنگیت کی تعلیم کے لیے بھی بڑے بڑے استاد رکھے گئے ہیں جو ہندوستانی سنگیت کے ساتھ ساتھ وائلن اور پیانو بجانا بھی سکھاتے ہیں۔ ناچ کی تعلیم کے لیے بھی ایک شاخ ہے جہاں ہر قسم کے ہندوستانی ناچ کی تعلیم دی جاتی ہے اور اکثر ٹیگور کے لکھے ہوئے ڈرامے ہی کھیلے جاتے ہیں۔ ان ڈراموں میں ٹیگور بھی کبھی کبھی کام کیا کرتے تھے۔

ٹیگور خود بھی ڈراموں میں اتنا اچھا کام کرتے تھے کہ ایک دفعہ بنگال کے مشہور اداکاروں نے ٹیگور کو ڈراموں میں کام کرتے ہوئے دیکھ کر کہا تھا کہ اگر اس کام کو ٹیگور اپنا پیشہ بنالیں تو ہم لوگوں کو اپنا ڈرامہ میں کام کرنے کا پیشہ چھوڑ دینا پڑے گا۔

شانتی نکیتن کے اسکول کو شروع ہوئے مشکل سے دو سال بھی نہ ہوئے تھے کہ نومبر ۱۹۰۲ء میں ٹیگور کی بیوی انتقال

کرگئیں۔ ٹیگور کو ان کی موت سے بڑا صدمہ ہوا، کیونکہ ان کی زندگی میں ہر قدم پر ساتھ دینے والا سہارا ہمیشہ کے لیے ان سے چھوٹ گیا تھا۔ وہ اکثر اُداس رہنے لگے اور بیوی کی یاد میں نظموں کی ایک کتاب لکھی، جس کی ہر سطر سے اُن کے دل کی بے چینی کا پتہ چلتا ہے۔

بیوی کے مرنے کا غم ابھی تازہ ہی تھا کہ دو سال بعد اُن کی منجھلی لڑکی بھی چل بسی۔ اس واقعہ نے اُنہیں اور بھی دُکھی بنا دیا۔ چنانچہ وہ کچھ دنوں کے لیے ایک خوبصورت پہاڑی مقام 'الموڑا' چلے گئے۔ لیکن وہاں بھی اُن کو چین نہ مِل سکا۔

لڑکی کی موت کے دو سال بعد اُن کے والد مہارشی دیویندر ناتھ کا بھی انتقال ہوگیا اور اس طرح اب اُن کے سَر سے باپ کا سایہ بھی اُٹھ گیا۔

والد کو مَرے ہوئے دو سال بھی نہ ہوئے تھے کہ اُن کا سب سے چھوٹا لڑکا ہیضہ میں ختم ہوگیا۔ ان سارے دُکھوں کا ٹیگور نے بڑی ہمت اور صبر سے مقابلہ کیا۔ اُن کی جگہ کوئی اور ہوتا تو پاگل ہوجاتا۔ ٹیگور نے ان ساری مصیبتوں کے باوجود اسکول کے کام کو برابر جاری رکھا

اور اپنے غم کو بھلانے کے لیے بچّوں کے لیے گیت لکھنا شروع کیا۔

بنگال کی تقسیم

ٹیگور، شانتی نکیتن کے کام میں دل و جان سے لگے ہوئے تھے کہ ملک میں انگریزوں کی غلامی سے آزاد ہونے کے لیے کوشش شروع ہوگئی۔ ٹیگور پکے ہندوستانی تو تھے ہی، انہوں نے بھی اس کام میں بڑھ چڑھ کر حصّہ لینا شروع کر دیا اور ملک کی آزادی کے بارے میں گیت لکھنے لگے۔ ٹیگور ملک کو آزاد کرانے کے لیے کسی وقت بھی انگریزوں سے نہیں ڈرے وہ ایک نِڈر آدمی تھے۔ گھنٹوں تقریر کرتے جس کو سُننے کے لیے ہزاروں آدمی جمع ہو جاتے۔

تقریریں کرنے کے ساتھ ساتھ لوگوں میں جوش بڑھانے کے لیے انہوں نے ۱۹۰۵ء میں ایک رسالہ ''بھنڈار'' نِکالا، جس میں خاص طور پر آزادی کے بارے میں مضامین لکھے جاتے تھے۔

ٹیگور کے خیالات شروع ہی سے سودیشی تھے کیونکہ ان کی تربیت ہی ایسے لوگوں میں ہوئی تھی جو وطن کی خدمت کے لیے ہمیشہ آگے آگے رہتے تھے۔ ٹیگور چاہتے تھے کہ ملک کی تجارت اور دوسرے کاروبار ہندوستانیوں ہی کے ہاتھ میں رہیں۔ کیونکہ غریبی کی اصل وجہ یہ تھی کہ ساری آمدنی انگریزوں کے قبضہ میں تھی اور غریب ہندوستانیوں کو اُن کی محنت کے پورے پورے پیسے نہ ملتے تھے بلکہ برائے نام انہیں چند سرکاری نوکریاں دی جاتی تھیں۔ ایسی صورت میں انگریزی حکومت سے کسی قسم کی ہمدردی کی امید کرنا ہی فضول تھا اس لیے ٹیگور نے راجہ ، مہاراجاؤں سے درخواست کی کہ وہ ملک کے کاریگروں کی روپے پیسے سے مدد کریں تاکہ وہ انگریزی حکومت کے ظلم سے چھٹکارا پا سکیں۔
اُس وقت جبکہ ہندوستانی انگریزوں کی غلامی سے آزاد ہونے کی کوشش میں لگے ہوئے تھے ایک واقعہ نے سارے ملک میں ہلچل مچا دی۔ ہوا یہ کہ ہندوستان کے وائسرائے لارڈ کرزن نے بنگال کو دو حصوں میں تقسیم

کرنے کا اعلان کر دیا۔ اصل میں اس کا مطلب ہندوؤں اور مسلمانوں میں پھوٹ ڈالنا تھا تاکہ ملک میں آزادی کی کوشش کمزور پڑ جائے۔

ہندوؤں اور مسلمانوں کی مخالفت کے باوجود ۱۹۰۵ء میں انگریزی حکومت نے آخر بنگال کو دو حصّوں میں تقسیم کر دیا۔ اس واقعہ سے نہ صرف بنگال بلکہ سارے ہندوستان میں گڑبڑ مچ گئی۔ ٹیگور بھلا ایسے وقت کب خاموش رہتے انہوں نے اپنی تقریروں اور نظموں کے ذریعہ اس واقعے کے بُرے نتیجے سے سارے ہندوستانیوں کو خبردار کیا اور اس کے ساتھ ساتھ اپنے رسالہ ''بھنڈار'' میں مضامین لکھ کر لوگوں میں آزادی کے جوش کو اور بڑھایا۔

بنگال کی اس تقسیم کے خلاف کلکتہ میں ایک بہت بڑا جلوس نکالا گیا جس میں ٹیگور سب سے آگے تھے اور اس وقت لوگ ان کی لکھی ہوئی وہ نظم گا رہے تھے جو انہوں نے تقسیم بنگال کے اس فیصلہ کے خلاف لکھی تھی۔ جلوس کے سارے لوگ جب ایک جگہ جمع ہو گئے، تو ٹیگور نے ایک زوردار تقریر کی، جس کو سُن کر لوگوں پر اتنا اثر ہوا کہ

اسی وقت پچاس ہزار روپے جمع ہو گئے جن کو آزادی کے فنڈ میں دے دیا گیا۔

جب ٹیگور آزادی کے کام میں زیادہ دلچسپی لینے لگے تو انگریزی حکومت نے بنگال کے لوگوں پر سختیاں اور بڑھا دیں جس کی وجہ سے ٹیگور سخت ناراض ہوئے اور جگہ جگہ جلسے کر کے تقریریں کرنے لگے تاکہ ہندو اور مسلمان مِل کر رہیں اور انگریزی حکومت کے ظلم کا ہمت سے مقابلہ کریں۔ ٹیگور کا یہ جوش، یہ ہمت اور اپنے دیس سے محبت دیکھ کر لوگوں میں بھی جوش پیدا ہونے لگا اور سارے ملک میں انگریزوں کی غلامی سے آزاد ہونے کے لیے جابجا جلسے ہونے لگے اور کئی جلوس نکالے گئے۔ انگریزی حکومت نے جب دیکھا کہ ہندوستانیوں میں آزادی کا جوش دن بدن بڑھتا ہی جا رہا ہے تو اس کو دبانے کے لیے ملک میں بعض جگہ جلوس پر گولیاں بھی چلائیں۔ اتنا سب کچھ ہونے پر بھی ٹیگور نے برابر ملک کو آزاد کرانے کی کوشش جاری رکھی۔

ٹیگور چاہتے تھے کہ ظلم کا جواب محبت سے دیا جائے

اسی لیے انہوں نے اپنے سارے ہندوستانی بھائیوں سے بار بار کہا کہ :

"توڑ پھوڑ کر کے اپنے ہی ملک کو نقصان پہنچانے کے بجائے گاؤں میں جا کر لوگوں کو آزادی کا صحیح مطلب سمجھائیں اور بتائیں کہ دوسرے ملکوں سے آنے والی چیزیں نہ خریدیں بلکہ اپنے ہی ملک میں بنی ہوئی چیزیں استعمال کریں، جس سے ہمارے دیس کو فائدہ ہوگا۔ اس طرح ہم انگریزوں کے محتاج نہ رہ سکیں گے اور یہی سب سے بڑی آزادی ہے۔"

ٹیگور کے اس خیال کو بعض کم عقل لوگ سمجھ نہ سکے۔ کیونکہ ان لوگوں کے خیال میں ملک کو آزاد کرانے کے لیے بس توڑ پھوڑ کے سوا کوئی اور طریقہ نہ تھا۔

ٹیگور کو جب اس بات کا پتہ چلا کہ بعض لوگ غلط راستہ پر چل کر آزادی حاصل کرنا چاہتے ہیں تو اس کے بعد سے انہوں نے آزادی کے کام میں دلچسپی لینا چھوڑ دیا جس پر اُنہیں بُرا بھلا کہا گیا، لیکن ٹیگور نے

اس کی کوئی پرواہ نہ کی بلکہ وہی کام کرتے رہے جو اُن کے خیال میں ملک کے لیے فائدہ مند تھا اور اب وہ پھر سے شانتی نکیتن کے اسکول کی دیکھ بھال میں لگ گئے۔

ٹیگور جب پچاس سال کے ہو گئے تو شانتی نکیتن کے علاوہ سارے بنگال میں اُن کی سالگرہ بڑی دھوم دھام سے منائی گئی اور شہریوں کی طرف سے کلکتہ کے ٹاؤن ہال میں ایک بہت بڑا جلسہ کیا گیا جس میں ٹیگور کی شاعری، دیہات سدھار کے کام اور وطن کی خدمت کی بڑی تعریف کی گئی۔

یہ اُس زمانے کا ذکر ہے کہ ایک جلسہ میں پڑھنے کے لیے ٹیگور نے ایک نیا ترانہ،

"جنا، گنا، منا اَدھی نایک جئے ہے"

لکھا، جس کو وہاں انھوں نے خود گا کر سُنایا جو بہت پسند کیا گیا۔ اور تھوڑے ہی دنوں میں یہ ترانہ سارے ہندوستان میں مشہور ہو گیا۔

چنانچہ یہی ترانہ ۱۵ اگست ۱۹۴۷ء سے جب کہ ہمارا دیس آزاد ہوا، ہمارا قومی ترانہ بن گیا ہے۔

اس ترانہ کو نہ صرف ہندوستان کا بچہ بچہ جانتا ہے بلکہ ساری دُنیا ہمارے اس ترانے کو جانتی ہے۔

نوبل پرائز

یوں تو ٹیگور اپنی کم عمری کے زمانے میں تعلیم پانے کی غرض سے ایک بار انگلستان جا چکے تھے لیکن انہیں وہاں زیادہ دنوں تک رہنے کا موقع نہ ملا تھا۔ چنانچہ انہوں نے پچاس سال کی عمر میں ایک بار پھر انگلستان جانے کا ارادہ کیا کیونکہ ان کا خیال تھا کہ زندگی میں ترقی کرنے کے لیے ہمیں انگریزوں سے بہت کچھ سیکھنا ہے۔ سفر پر جانے کی تیاریاں ہو چکی تھیں کہ وہ اچانک بیمار ہو گئے اور اس طرح کچھ دِنوں کے لیے اُنھیں رُک جانا پڑا۔

ٹیگور آرام کی غرض سے شانتی نکیتن سے شیلدہ چلے گئے۔ بیماری کی حالت میں بھی انہیں بیکار بیٹھنا پسند نہ تھا، چنانچہ وہاں اپنی بنگالی نظموں کا انگریزی زبان میں ترجمہ کرنا شروع کیا اور جب وہ بالکل تندرست ہو گئے تو مئی سنہ ۱۹۱۲ء

میں انگلستان کے سفر پر روانہ ہو گئے۔ جہاز میں بھی انھوں نے اپنے ترجمے کے اُس کام کو جاری رکھا جو شیلدہ میں پورا نہ ہو سکا تھا۔

لندن پہنچنے پر ٹیگور کی ملاقات اُن کے ایک پرانے دوست سے ہوئی جو ہندوستان میں کچھ عرصہ رہ چکے تھے اور ٹیگور کو اچھی طرح سے جانتے تھے۔ اس انگریز دوست کو شاعری سے بھی دلچسپی تھی چنانچہ جب ٹیگور نے اپنی نظموں کے ترجمے انہیں دکھائے تو وہ پڑھ کر حیران رہ گئے کہ ہندوستان میں بھی اتنے بڑے بڑے شاعر ہیں۔ ٹیگور کی نظمیں اتنی پسند آئیں کہ وہ اُسی وقت اُنہیں ''ایٹس'' کے پاس لے گئے، جو اس زمانے کے مشہور شاعر تھے۔ ''ڈبلو۔ بی۔ ایٹس'' تو پہلے ہی سے ٹیگور کی شاعری سے واقف تھے، نظمیں پڑھ کر انھوں نے بھی ٹیگور کو ایک بہترین شاعر مان لیا۔ ایک دن اسی انگریز دوست نے ٹیگور کی نظمیں اپنے دوسرے دوستوں کو بھی سنانے کے لیے اپنے مکان پر سب کی دعوت کی وہاں ایٹس نے ٹیگور کی نظمیں پڑھ کر سنائیں جسے سُن کر سب نے بے حد تعریف

کی ان ہی میں سے ایک اینڈریوز تو ٹیگور کے گہرے دوست بن گئے۔ اینڈریوز دہلی کے ایک کالج میں کئی سال رہ کر انگلستان لوٹے تھے۔ وہ ٹیگور کو اس قدر چاہنے لگے تھے کہ جب وہ واپس ہندوستان آئے تو ٹیگور سے ملنے کے لیے شانتی نکیتن بھی آئے۔ انہیں یہ اسکول اتنا پسند آیا کہ دو سال بعد دہلی چھوڑ کر ہمیشہ کے لیے شانتی نکیتن آگئے اور اسکول کے کام میں ٹیگور کا ہاتھ بٹانے لگے آخر وہیں اُن کا انتقال ہوگیا۔

ایٹس بھی چونکہ ایک مشہور شاعر تھے اس لئے اُنھوں نے ٹیگور کو انگلستان کے پڑھے لکھے لوگوں سے مِلایا اور اس کے بعد تو ٹیگور انگلستان میں بہت زیادہ مشہور ہوگئے اور خاص طور پر اُن کی نظموں کی کتاب "گیتان جلی" کا ترجمہ تو بے حد پسند کیا گیا۔گیتان جلی وہی کتاب ہے جس میں ٹیگور نے مذہب اور اپنے دیس کے بارے میں نظمیں لکھی ہیں۔

ٹیگور ۱۹۱۳ء میں انگلستان سے پہلی مرتبہ امریکہ گئے۔ وہاں انھوں نے یونیورسٹی میں تقریر کی اور

بتایا کہ سادہ زندگی بسر کرنے سے ہی انسان کو سچی خوشی مل سکتی ہے اور اُن کے شانتی نکیتن کے اسکول میں بھی یہی تعلیم دی جاتی ہے۔

امریکہ میں چند روز ٹھہرنے کے بعد انگلستان ہوتے ہوئے وہ نومبر ۱۹۱۳ء میں ہندوستان واپس آ گئے۔

جب وہ ہندوستان پہنچے تو انہیں معلوم ہوا کہ ان کی کتاب ''گیتان جلی'' کو دُنیا کی سب سے بہترین نظموں کی کتاب مان لیا گیا اور اس کے لیے انہیں ''نوبل پرائز'' دیا گیا۔

نوبل پرائز دنیا کا سب سے بڑا انعام ہے۔ آج سے تقریباً ۶۵ سال پہلے سویڈن کے ایک بڑے سائنسداں الفریڈ نوبل نے مرتے وقت ایک بہت بڑی رقم چھوڑی تھی اور یہ وصیت کی تھی کہ اس رقم سے ہر سال پانچ انعام دیے جائیں۔ چنانچہ ان ہی کی وصیت پر ہر سال دو انعام ساری دنیا کے سب سے بڑے سائنسدانوں کو دیئے جاتے ہیں۔ تیسرا انعام بہترین شاعر یا مضمون لکھنے والے

کو، چوتھا سب سے قابل ڈاکٹر کو اور پانچواں انعام دنیا میں امن قائم کرنے والے کو دیا جاتا ہے اور ہر انعام میں ایک سونے کا میڈل، ایک سرٹیفکیٹ اور ۲½ لاکھ روپے دیے جاتے ہیں۔ یہ انعام ہر سال ۱۰ دسمبر کو سویڈن کے بادشاہ تقسیم کرتے ہیں کیونکہ اسی تاریخ کو الفریڈ نوبل پیدا ہوئے تھے۔

ٹیگور وہ پہلے ہندوستانی تھے جنہیں یہ نوبل پرائز ملا۔ اس سب سے بڑے انعام کے ملنے کے بعد سے تو ساری دُنیا ٹیگور کو جاننے لگی اور دنیا کے ہر کونے سے انہیں مبارکباد کے خط آنے لگے۔

پہلی بار کسی ہندوستانی شاعر کو یہ انعام ملنے پر سارے ہندوستان میں بڑی خوشیاں منائی گئیں۔ ٹیگور بھی اس بات سے خوش تھے کہ نوبل پرائز میں ملنے والی ڈھائی لاکھ کی رقم سے شانتی نکیتن کے اسکول کو بڑی مدد ملے گی۔

نوبل پرائز ملنے کے بعد سے ہندوستان میں ایسے لوگ بھی ٹیگور کی تعریف کرنے لگے جو انعام ملنے سے پہلے

کبھی ان کی، نظمیں پڑھنا تک پسند نہ کرتے تھے۔ ان تعریفوں سے ٹیگور کو خوشی کے بجائے دُکھ ہوا۔ وہ ایک خوددار آدمی تھے اور ایسی جھوٹی تعریف کے بھوکے نہ تھے کیونکہ وہ جانتے تھے کہ یہ لوگ صرف اس لیے ان کی تعریف کر رہے ہیں کہ گیتان جلی کو یورپ کے لوگوں نے پسند کیا ہے۔

ٹیگور کو نوبل پرائز ملتے ہی سارے ہندوستان میں ان کی پہلے سے بھی زیادہ عزت کی جانے لگی چنانچہ دسمبر ۱۹۱۳ء میں کلکتہ یونیورسٹی نے ان کو "ڈاکٹر آف لٹریچر" کی ڈگری دی۔ اسی طرح ۱۹۱۵ء میں انگریزی حکومت نے "سر" کا خطاب دیا۔ سر کا خطاب صرف ایسے لوگوں کو دیتی تھی جو اُن کی نظر میں بہت ہی قابل ہوتے تھے اس خطاب کے ملنے کے بعد سے وہ "سر رابندر ناتھ ٹیگور" کہلانے لگے۔

گیتان جلی نے ٹیگور کو ساری دنیا میں مشہور کر دیا اور اس کے بعد سے لوگ ان کی نظموں کو اور زیادہ شوق سے پڑھنے لگے ہندوستان کی ساری زبانوں کے ساتھ ساتھ

دنیا کی اور دوسری زبانوں میں بھی اس کا ترجمہ ہونے لگا۔

گیتان جلی لکھتے وقت ٹیگور کو کبھی یہ خیال نہ آیا تھا کہ یہ کتاب اتنی زیادہ مشہور ہو گی، چنانچہ گیتان جلی کے بارے میں وہ خود لکھتے ہیں :

"میں نے جس وقت یہ نظمیں
لکھیں تو اُن کو چھپوانے کا کوئی
خیال نہ تھا۔ یہ تو صرف اپنی
بیوی اور بچّوں کی مَوت کے
غم کو بُھلانے کے لیے لکھی گئی
تھیں۔ لیکن بعد میں سوچا کہ
ان نظموں کے پڑھنے سے
شاید مجھ جیسے دوسرے دُکھی
لوگ بھی کچھ دیر کے لیے اپنا
غم بُھلا سکیں اس لیے اس
کتاب کو پہلے بنگالی زبان میں
چھپوایا۔"

ٹیگور نے خود ہی گیتان جلی کا انگریزی زبان میں ترجمہ

کیا اور یہ ترجمہ کی کتاب سب سے پہلے لندن میں چھپی اور جو اتنی مشہور ہوئی کہ کچھ ہی دِنوں میں وہ ہزاروں کی تعداد میں بِک گئی۔

گیتان جلی کے بارے میں ٹیگور کے ایک انگریز دوست ایٹس نے جو خود بھی انگریزی زبان کے بہت بڑے شاعر تھے لکھا ہے کہ:

"میں کئی دنوں تک ٹیگور کی
نظموں کے انگریزی ترجمے کو
اپنے ساتھ لیے پھِرتا رہا
اور ریل گاڑیوں، بسوں اور
ہوٹلوں میں پڑھا کرتا، بعض
وقت تو مجھے یہ کتاب صرف
اس لیے بند کر دینی پڑتی کہ
کہیں دوسرے لوگ یہ
خیال نہ کریں کہ میں اس
کتاب کا دیوانہ ہو گیا ہوں۔"

گیتان جلی کی وجہ سے ٹیگور کی شہرت جب باہر

کے مُلکوں میں ہوئی، تب ہندوستان والوں کو معلوم ہوا کہ وہ کتنے بڑے شاعر ہیں۔

جلیان والا باغ

ایک طرف شانتی نکیتن اور سارے ہندوستان میں ٹیگور کو نوبل پرائز ملنے پر خوشیاں منائی جا رہی تھیں، تو دوسری طرف یورپ کے ہر ملک میں جنگ کی تیاریاں ہو رہی تھیں۔

اس آنے والی مصیبت نے ٹیگور کو بھی پریشان کر دیا کیونکہ وہ اچھی طرح جانتے تھے کہ چند طاقت ور ملک اپنے فائدے کے لیے کمزور ملکوں سے جنگ کرتے ہیں۔ جس میں لاکھوں بے قصور انسان مارے جاتے ہیں۔ جنگ کرنے والے یہ ظالم لوگ اس بات کا خیال تک نہیں کرتے کہ خود ان کے ماں باپ، بھائی بہن، بیوی بچے سب ہی جنگ میں مارے جائیں گے۔ ٹیگور کا خیال تھا کہ ہر شخص جنگ سے نفرت کرتا ہے اور

ہمیشہ مِل جُل کر رہنا پسند کرتا ہے اور یہی تعلیم وہ اپنے شاگردوں کو بھی دیا کرتے تھے۔ انہیں اس بات سے خوشی ہوتی تھی کہ ہندوستان کے لوگوں نے ہمیشہ جنگ کو بُرا سمجھا اور دوسرے ملک کے لوگوں کو بھی جنگ سے روکتا رہا۔

اِدھر ہندوستان میں ٹیگور دُنیا کو جنگ کی مصیبت سے بچانے کے بارے میں سوچ رہے تھے کہ اُدھر ۱۹۱۴ء میں یورپ میں جنگ شروع ہوگئی۔ اخباروں میں لوگوں کے مارے جانے کی خبریں پڑھ پڑھ کر ٹیگور بہت پریشان رہنے لگے کیونکہ وہ چاہتے تھے کہ دُنیا میں سب انسان مِل جُل کر رہیں اور کوئی کسی کا دشمن نہ ہو۔

ابھی جنگ ہو رہی تھی کہ ۱۹۱۶ء میں ٹیگور جاپان گئے۔ راستہ میں رنگون، سنگاپور اور ہانگ کانگ میں اُن کا شاندار سواگت ہوا۔ جاپان پہنچکر انہوں نے ٹوکیو یونیورسٹی میں ایک تقریر کی اور وہاں کے لوگوں کو جنگ کی بُرائیاں بتائیں ٹیگور کی اس تقریر کو جاپانیوں نے بہت پسند کیا اور اُن کے دلوں میں بھی جنگ سے

نفرت بڑھ گئی۔

جاپان کے خوبصورت شہر ٹیگور کو بہت پسند آئے اور وہاں کے لوگوں سے مل کر وہ بہت خوش ہوئے۔ گو وہ وہاں تھوڑے ہی دِن رہے لیکن کئی جاپانی اُن کے دوست بَن گئے جن میں زیادہ تر شاعر اور تصویریں بنانے والے تھے۔ جاپانی اپنے وطن کے سامنے کسی چیز کی پرواہ نہیں کرتے۔ ٹیگور کو اُن لوگوں کی وطن سے اس قدر محبت بہت زیادہ پسند آئی۔ کیونکہ وہ خود بھی اپنے وطن ہندوستان کو اپنی جان سے زیادہ چاہتے تھے۔

ٹیگور جاپان سے امریکہ گئے۔ وہاں چند روز ٹھہرنے کے بعد پھر ہندوستان واپس آ گئے۔ واپس آنے کے کچھ دنوں بعد اُن کی لڑکی بیلا سخت بیمار ہو گئی۔ بہت سے علاج کیئے گئے، لیکن وہ بچ نہ سکی اور آخر ۱۹۱۸ء میں اس کا انتقال ہو گیا۔ اس لڑکی کی موت کا ٹیگور کے دل پر بہت اثر ہوا، اور اس غم کو بھلانے کے لیے وہ رات دن شانتی نکیتن کے کام میں لگے رہے۔

اب شانتی نکیتن کا اسکول بہت ترقی کر چکا تھا لیکن

ٹیگور اس کو اور ترقی دینا چاہتے تھے تاکہ وہ ایک بڑی یونیورسٹی بن جائے۔ وہ اس بارے میں سوچ ہی رہے تھے کہ ہندوستان میں انگریزوں کے خلاف پھر گڑبڑ شروع ہوگئی۔

جب ۱۹۱۸ء میں جنگ ختم ہوگئی تو سارے ہندوستان میں اناج اور کپڑے کی قیمتیں پہلے سے زیادہ بڑھنے لگیں اور بہت سے لوگ بیروزگار بھی ہوگئے اور انگریزی حکومت نے جنگ کے زمانے میں ہندوستانیوں سے جو وعدے کیے تھے اُسے پورا نہ کیا۔ یہ حالات دیکھ کر سارے ملک میں انگریزوں کے خلاف جلسے ہونے لگے اور ایسا ہی ایک جلسہ ۱۳ اپریل ۱۹۱۹ء کو امرتسر میں جلیان والا باغ میں کیا گیا جہاں ہزاروں لوگ جمع تھے۔ ایک انگریز کمانڈر نے یہ سمجھ کر کہ کہیں یہ جلسہ کے لوگ پولیس پر حملہ نہ کردیں اپنے سپاہیوں کو گولی چلانے کا حکم دے دیا اور دیکھتے ہی دیکھتے ہندوستانیوں کی لاشوں کے ڈھیر لگ گئے۔ کئی سو آدمی مارے گئے

اور ہزاروں زخمی ہوگئے۔ انگریزوں کا غریب ہندوستانیوں پر یہ ظلم دیکھ کر ٹیگور تڑپ اُٹھے اور فوراً شانتی نکیتن سے کلکتہ آئے۔ یہاں آکر انھوں نے انگریزوں کے خلاف ایک بڑا جلسہ کرنے کے لیے سارے لیڈروں کو ایک جگہ جمع کرنے کی کوشش کی تاکہ انگریزوں کے ظلم کے خلاف ہندوستانیوں کی نفرت اور غصہ کو ظاہر کریں۔ لیکن کسی بھی لیڈر نے اُن کی بات نہ مانی۔ یہ دیکھ کر ٹیگور نے اکیلے ہی اس کام کو کرنے کا ارادہ کیا اور اُسی وقت اپنے "سر" کا خطاب واپس کرتے ہوئے وائسرائے کو ایک خط لکھا کہ:

"مجھے اِس 'سر' کے خطاب کو باقی رکھتے ہوئے شرم آتی ہے جبکہ میرے ہندوستانی بھائیوں پر بغیر کسی قصور کے گولی چلائی جارہی ہے۔ میں اس ظلم کے خلاف اپنے ہندوستانی بھائیوں کا ساتھ دینا چاہتا ہوں جو مجھے آپ کے 'سر' کے خطاب سے کہیں زیادہ عزیز ہیں۔"

اس کے بعد سے ٹیگور نے پھر کبھی اپنے نام کے

ساتھ 'سر' کا خطاب نہیں لکھا۔ یہ وہی خطاب تھا جو انگریزی حکومت نے انہیں نوبل پرائز ملنے کے بعد ان کی قابلیت کو مان کر دیا تھا۔

جب ٹیگور نے اپنے ملک کی خاطر ایک بڑے سرکاری خطاب کو واپس کر دیا تو سارے ہندوستان میں اُن کی ملک سے محبّت کے چرچے ہونے لگے۔ ٹیگور نے بتا دیا کہ وہ اپنے ملک کے لیے سب کچھ کر سکتے ہیں اور وقت آنے پر اپنی جان تک دے سکتے ہیں۔

وِشوا بھارتی

ٹیگور چاہتے تھے کہ دنیا میں کبھی جنگ نہ ہو، اسی لیے وہ شانتی نکیتن کو ایک ایسی یونیورسٹی بنانا چاہتے تھے جس میں دنیا کے ہر ملک، ہر زبان اور ہر مذہب کے لڑکے ایک ساتھ رہ کر تعلیم پائیں اور جب اپنے ملک کو واپس جائیں تو وہاں کے لوگوں کو مِل جُل کر رہنے اور دوسرے ملک کے لوگوں سے بھی محبت کرنے کا سبق دے سکیں۔

آخر ٹیگور کا یہ خواب پورا ہوا اور دسمبر ۱۹۱۸ء میں شانتی نکیتن ہی میں ایک یونیورسٹی کھولی گئی جس کا نام "وِشوا بھارتی" رکھا گیا۔

وِشوا بھارتی کے قائم ہونے کے دو سال بعد ہی ٹیگور دوسری بار یورپ گئے اور وہاں انہوں نے وِشوا بھارتی کے

بارے میں لوگوں کو بتایا۔ چنانچہ یورپ کے بڑے بڑے استاد اس یونیورسٹی میں پڑھانے کے لیے ہندوستان آنے لگے جن میں سب سے مشہور فرانس کے ایک بہت بڑے پروفیسر سلون لیوی بھی تھے جو وِشوا بھارتی میں چینی اور تبتی زبان پڑھاتے تھے اور اسی طرح استادوں کے علاوہ یورپ کے ہر ملک سے طالب علم بھی یہاں پڑھنے کے لیے آنے لگے۔

وِشوا بھارتی ایک ایسی یونیورسٹی ہے جس کا دنیا کے کسی ملک میں بھی جواب نہیں ملتا۔ کیونکہ یہاں نہ صرف ہندوستان کی ساری زبانوں کی تعلیم دی جاتی ہے بلکہ دنیا کے اور بہت سے ملکوں کی زبانیں بھی سکھائی جاتی ہیں اور ان زبانوں کو سکھانے والے اُستاد بھی دوسرے ملکوں ہی سے آتے ہیں۔

یہاں پڑھنے والے لڑکوں کے ساتھ کھانے پینے یا رہنے سہنے میں کوئی فرق نہیں رکھا جاتا بلکہ یہ سب ایک بڑے خاندان کی طرح گھل مل کر رہتے ہیں۔ ہندو، مُسلمان، سِکھ، عیسائی، پارسی، یہودی ہر مذہب کے لوگوں نے

لیے اس یونیورسٹی کے دروازے کھلے ہیں۔ یہاں سب ہی دھرم کی عزت کرنے کی تعلیم دی جاتی ہے۔ چنانچہ حضرت عیسیٰ، حضرت محمدؐ، مہاتما گوتم بدھ، چتینیہ مہاپربھو، رام موہن رائے اور مہارشی کے جنم دن پر آدھے دن کی چھٹی دی جاتی ہے اور سارے لڑکے مل کر ان سب کی یاد مناتے ہیں اور اُن مہاتماؤں کی نیک باتیں سیکھتے ہیں۔

وشوابھارتی میں پڑھائی کے ساتھ ساتھ دوسرے کام مثلاً تصویریں بنانا اور سنگیت وغیرہ کی تعلیم بھی دی جاتی ہے۔

ٹیگور نے "وِشوابھارتی" یونیورسٹی قایم کرکے ہمارے دیس ہندوستان پر وہ احسان کیا ہے کہ جس کو نہ صرف ہم ہندوستانی بلکہ دنیا کے دوسرے لوگ بھی کبھی نہیں بھول سکتے انہوں نے کئی رکاوٹوں کے باوجود اس یونیورسٹی کے کام کو جاری رکھا اور آخری وقت تک اس کو آگے بڑھانے کی کوشش کرتے رہے۔

یہ ٹیگور ہی تھے کہ جنہوں نے صرف بیس سال کے

عرصے میں ایک چھوٹے سے اسکول کو ایک بہت بڑی یونیورسٹی میں بدل دیا اور جس کی اچھی باتوں کو دیکھ کر باہر کے مُلکوں سے بھی طالب علم اور اُستاد آنے لگے۔

ٹیگور کی یہ وِشوا بھارتی یونیورسٹی آج بھی جاری ہے اور اس میں دُنیا کے دوسرے ملکوں کے رہنے والے لڑکے بھی تعلیم پا رہے ہیں۔

سِری نکیتن

ٹیگور نے وِشوا بھارتی کے کام کے ساتھ ساتھ دیہات سُدھار کے کام کو بھی جاری رکھا۔ کیونکہ وہ جانتے تھے کہ ہندوستان کی آبادی کا بڑا حِصّہ دیہاتوں میں رہتا ہے اور ان میں کسانوں کی تعداد سب سے زیادہ ہے ان کا خیال تھا کہ جب تک دیہات میں رہنے والے لوگوں کی غریبی دُور نہ ہوگی اُس وقت تک ہندوستان ترقی نہیں کرسکتا۔ اسی لیے وہ شانتی نکیتن میں پڑھنے والے لڑکوں کو آس پاس کے دیہاتوں میں بھیجا کرتے تھے تاکہ وہ وہاں جاکر لوگوں کو پڑھنا لکھنا سکھائیں اور اُن کے کاموں میں ہاتھ بٹائیں۔

ٹیگور تو چاہتے تھے کہ ہندوستان کے ہر گاؤں میں دیہات سُدھار کا کام کیا جائے لیکن یہ کوئی

آسان کام نہ تھا۔ پھر بھی انہوں نے شانتی نکیتن سے دو میل دُور ایک گاؤں کو اس کام کے لئے چُنا تاکہ اُسے ایک نمونے کا گاؤں بنایا جائے اور پھر اس طرح ہندوستان کے سارے گاؤں میں دیہات سُدھار کا کام شروع کیا جائے۔ اس گاؤں میں ٹیگور نے دیہات سدھار کے کام کے لیے ایک اسکول قایم کیا اور اس کا نام ''سری نکیتن'' رکھا۔

سری نکیتن میں آس پاس کے دیہاتوں سے آٹھ، نو سال کی عمر کے کاشتکاروں کے بچّے پڑھنے کے لیے آتے ہیں، اور ۱۵، ۱۶ سال کی عمر تک اسی اسکول میں رہ کر پڑھائی کے ساتھ ساتھ مختلف قسم کے کام بھی سیکھتے ہیں تاکہ وہ بڑے ہوکر اپنا پیٹ پال سکیں۔ اس اسکول میں بنگالی زبان کے علاوہ انہیں حساب اور سائنس کی تعلیم بھی دی جاتی ہے اور کھیتی باڑی کے نئے نئے طریقے سکھائے جاتے ہیں۔ لڑکوں کو خود کھیتوں میں کام کرنا پڑتا ہے تاکہ انہیں کھیتی باڑی کا تجربہ ہو۔ ان میں اس کام کا شوق اور بڑھانے کے لیے

زیادہ اناج اُگانے والے لڑکوں کو انعام بھی دیئے جاتے ہیں۔ اس طرح کی تعلیم کے بعد یہاں کے طالب علم کھیتی باڑی کے سارے طریقے اچھی طرح سیکھ جاتے ہیں اور اپنے گاؤں پہنچکر دوسرے کاشتکاروں کو بھی صحیح طریقے سے کھیتی باڑی کرنا سکھاتے ہیں۔

سری نکیتن میں طالب علموں کے ساتھ ساتھ استادوں کو بھی، ٹریننگ دینے کا انتظام ہے اور اُن کے لیے ایک علیٰحدہ، ٹریننگ اسکول کھولا گیا ہے تاکہ وہ بھی دیہاتوں کی زندگی کے بارے میں معلومات حاصل کرسکیں اور دوسرے دیہاتوں میں جاکر ویسے ہی اسکول کھول سکیں اس طرح سارے ہندوستان میں دیہات سدھار کا کام پھیل جائے۔

ٹیگور کہا کرتے تھے کہ:

”اگر ایک شخص ایک چھوٹے سے گاؤں کو سدھارنے اور وہاں کے لوگوں کی غریبی دُور کرنے میں اپنی زندگی گزار دے تو سمجھو کہ اُس نے اپنی زندگی بہترین طریقے سے گذاری کیونکہ

دیہاتوں کی ترقی سارے دیس کی ترقی ہے۔"

ٹیگور جانتے تھے کہ ہمارے ملک میں کھیتی باڑی کا کام بہت پرانے طریقوں سے ہوتا ہے، جس کی وجہ سے کاشتکاروں کو بہت زیادہ محنت کرنی پڑتی ہے اور اناج کم پیدا ہوتا ہے اسی لیے انہوں نے سری نکیتن میں لڑکوں کو کھیتی باڑی کے نئے طریقے سکھانے کے لیے انگلستان سے ایک استاد کو بلایا جن کا نام ایلمہرسٹ تھا۔

سری نکیتن میں پڑھائی لکھائی اور کھیتی باڑی کے کام کے ساتھ ساتھ اور دوسرے کام مثلاً لکڑی کا سامان بنانا، کپڑا بُننا، چمڑے کی چیزیں بنانا اور مٹی کے برتن بنانا بھی سکھائے جاتے ہیں۔ جس اسکول میں یہ سارے کام سکھائے جاتے ہیں اس کا نام "سلپا بھون" ہے جہاں ہر کام کے لیے الگ الگ شاخ ہے۔ لکڑی کے سامان میں فرنیچر کے ساتھ ساتھ دروازے اور کھڑکیاں بھی بنائی جاتی ہیں۔ ساڑیاں، شطرنجیاں، قالین، تولیے اور دوسری چیزیں کپڑا بننے کی شاخ میں تیار

ہوتے ہیں۔ چمڑے کے سامان میں سینڈل جُوتے اور بیگ بنتے ہیں۔ اسی طرح برتن بنانے کی شاخ میں پیالی، طشتری، چائے دان، جگ اور گُلدان بنائے جاتے ہیں۔

جیسے جیسے لڑکے یہ ساری چیزیں تیار کرتے ہیں، اُن کو بیچنے کے لیے شہر کلکتہ بھیج دیا جاتا ہے۔ جہاں "سلپا بھون" کی طرف سے ایک دوکان کھولی گئی ہے۔ اس دوکان پر اچھے داموں میں یہ ساری چیزیں بک جاتی ہیں اور ان سے جو بھی پیسہ مِلتا ہے اُسے شانتی نکیتن کے کاموں پر خرچ کیا جاتا ہے۔

سری نکیتن میں اسکول کا اپنا ایک دواخانہ ہے جہاں اسکول کے لڑکوں کا علاج کیا جاتا ہے اور اسی دواخانے سے گاؤں کے سارے لوگوں کو بھی مُفت دوائیاں دی جاتی ہیں۔ ڈاکٹر گاؤں میں ہی رہتا ہے اور جب بھی ضرورت ہو بیماروں کو دیکھنے کے لیے ان کے گھر بھی جاتا ہے، جس کے لیے فیس برائے نام

لی جاتی ہے۔ ڈاکٹر کی تنخواہ اور دوائیاں خریدنے کے لیے گاؤں کے ہر گھر سے تھوڑا سا چندہ لیا جاتا ہے۔ ڈاکٹر نہ صرف بیمار دیہاتیوں کا علاج کرتا ہے بلکہ ان کو بیماریوں سے بچنے کے لیے ضروری باتیں بھی بتاتا ہے۔

سری نکیتن کے اسکول میں اسکاؤٹنگ کی ٹریننگ ہر طالبِ علم کے لیے ضروری ہے۔ دنیا میں سب سے پہلے بیڈن پاول نے اسکاؤٹنگ کا کام شروع کیا تھا اور ٹیگور نے ان ہی کے طریقوں پر سری نکیتن میں اسکاؤٹنگ کا کام شروع کیا اور یہ اسکاؤٹ ”براتی بالک“ کہلاتے ہیں۔ ان براتی بالکوں کو ہر قسم کے کام سکھائے جاتے ہیں تاکہ وہ ضرورت کے وقت خود اپنی اور دوسروں کی مدد کر سکیں۔ وہ اپنے گھروں میں ترکاریاں اُگاتے ہیں اور بازار میں بیچ کر اُن پیسوں سے اسکول کی کتابیں خریدتے ہیں کیونکہ ان کے غریب ماں باپ کے پاس انہیں کتابیں خرید کر دینے کے لیے اِتنے پیسے نہیں ہوتے۔

یہ براتی بالک گاؤں والوں کی بھی ہر وقت اور ہر طرح مدد کرتے ہیں۔ جب کبھی گاؤں میں قحط پڑ جاتا ہے تو یہ لڑکے اس مصیبت کے وقت کاشتکاروں کی مدد کرتے ہیں اور اگر کوئی دیہاتی بیمار پڑ جائے تو ڈاکٹروں کو بُلا لاتے ہیں اور خود بیمار کی دیکھ بھال کرتے ہیں۔ گاؤں کو صاف سُتھرا رکھنے کا کام بھی یہی بالک کرتے ہیں۔ گندی موریوں اور گندے تالاب سے مچھّروں کو ختم کرتے ہیں جن کی وجہ سے گاؤں میں اکثر بیماریاں پھیلتی رہتی ہیں۔

ان بَراتی بالکوں کو صبح اسکول جانے سے پہلے اور شام اسکول کے بعد جو وقت مِلتا ہے اُسی میں یہ سارے کام بڑے شوق سے کرتے ہیں کیونکہ شروع ہی سے اُن کو اپنے غریب دیہاتی بھائیوں کی مدد کرنا سِکھایا جاتا ہے۔

باہر کے مُلکوں کا سفر

جب شانتی نکیتن کا چھوٹا سا اسکول ایک بہت بڑی یونیورسٹی "وشوا بھارتی" میں بدل گیا تو ٹیگور جنگ ختم ہونے کے کچھ عرصہ بعد ۱۹۲۰ء میں تیسری بار پھر انگلستان گئے۔ وہاں چند روز ٹھہرنے کے بعد وہ فرانس بھی گئے۔ جہاں مشہور پروفیسر سلون لیوی نے اپنے بہت سے ساتھیوں کے ساتھ ٹیگور کا پیرس کے اسٹیشن پر شاندار سواگت کیا۔

فرانس میں جنگ کی وجہ سے کئی شہر اُجڑ چکے تھے جنہیں دیکھ کر ٹیگور کو بہت دُکھ ہوا۔ یہاں کی یونیورسٹی میں تقریر کرتے ہوئے انہوں نے لوگوں کو سمجھایا کہ جنگ سے نقصان کے سِوا کچھ حاصل نہیں ہوتا اور ایک بھائی کا دوسرے بھائی کو مار ڈالنا

بہت بڑی بات ہے۔

وہ فرانس سے جرمنی گئے۔ جرمنی جنگ میں ہارا ہوا ملک تھا۔ سارے کھیت اُجڑ گئے تھے۔ لوگ بُھوکوں مَر رہے تھے لیکن جب ٹیگور وہاں پہنچے تو ویسی حالت میں بھی جرمنی کے لوگوں نے ان کا سواگت کیا۔ چنانچہ دو جرمن لڑکیاں ٹیگور کے لیے پھول لائیں اور انھوں نے ٹوٹی پھوٹی انگریزی میں ٹیگور سے کہا کہ "ہم کو ہندوستان سے بڑی محبت ہے۔" جب ٹیگور نے اُن سے پوچھا کہ "تمھیں ہندوستان سے اتنی محبت کیوں ہے؟" تو لڑکیوں نے جواب دیا کہ "ہندوستان کے لوگ خدا سے محبت کرتے ہیں اسی لیے ہمیں بہت پسند ہیں۔" لڑکیوں کے اس جواب سے ٹیگور کو بہت خوشی ہوئی کہ باہر کے ملک والے ہندوستان کو اِتنا زیادہ چاہتے ہیں۔

جرمنی کا دَورہ کرنے کے بعد ٹیگور آسٹریا گئے۔ آسٹریا کی راجدھانی وِیانا کے لوگ اُن سے بڑی عزّت

سے ملے۔ یہاں اُن کے لیے یونیورسٹی میں ایک بڑا جلسہ کیا گیا جس میں ٹیگور نے تقریر کی۔ ٹیگور کی قابلیت اور شاعری کے بارے میں آسٹریا کے ایک اخبار نے لکھا کہ "ہمارے خیال میں آج تک دنیا میں اتنی محبّت اور عزّت کسی شاعر کی بھی نہیں کی گئی۔" آسٹریا سے ٹیگور چیکو سلواکیہ پہنچے۔ وہاں اُن کی ملاقات سنسکرت کے ایک بڑے پروفیسر لِسنے سے ہوئی۔ یہاں کی ایک یونیورسٹی میں ٹیگور کی تقریر سُننے کے لیے ہزاروں طالبِ علم جمع ہوئے اور اُن کی تقریر سُن کر حیران رہ گئے کہ ہندوستان میں بھی اِتنے قابل لوگ رہتے ہیں۔

آسٹریا کے بعد ٹیگور اور بھی دوسرے مُلکوں کا دَورہ کرتے ہوئے ہندوستان آگئے اور وِشوابھارتی کے کام میں لگ گئے۔ اب ٹیگور ساٹھ سال کے ہو چکے تھے پھر بھی وہ جوان آدمی کی طرح کام کرتے رہے اور ہمیشہ اپنے ہندوستانی بھائیوں کی خدمت کرتے رہے۔ انہیں ہر وقت یہی فکر رہتی تھی کہ ہندوستان

بھی دوسرے ملکوں کی طرح ترقی کرے اور یہاں کے غریب لوگ بھی لکھ پڑھ کر اچھی زندگی گذاریں۔

باہر کے ملکوں کے دَورے سے واپس آکر ابھی چند ہی مہینے ہوئے تھے کہ ٹیگور پھر سنہ ۱۹۲۱ء میں ہندوستان کی ریاستوں کا چار مہینے تک دَورہ کرتے رہے اور اس کے بعد پھر یورپ کے سفر پر روانہ ہوگئے۔

اس مرتبہ وہ ہالینڈ اور بلجیم کے ملکوں سے ہوتے ہوئے ڈنمارک پہنچے۔ ٹیگور اپنے ملک میں ہوں یا ملک سے باہر، ہر جگہ لوگوں نے ان کی بڑی عزّت کی، چنانچہ جب وہ ڈنمارک کی راجدھانی کوپن ہیگن پہنچے تو ہزاروں لوگ اُن کو دیکھنے کے لیے جمع ہوگئے اور اُن کے اسٹیشن پر پہنچتے ہی لوگوں نے انھیں ایک گھیرے میں لے لیا اور اپنا قومی گیت گاتے ہوئے سارے شہر میں گھومتے رہے۔ اس جلوس کے سامنے دیہاتی لڑکے اور لڑکیاں رنگ برنگی کپڑے پہنے ناچتے اور گاتے جا رہے

تھے۔ پھر رات میں سارے اسکولوں اور کالجوں کے لڑکے اور لڑکیوں نے ایک اور جلوس نکالا اور اُن سب کے ہاتھوں میں "ٹارچ لائٹ" تھے۔

ٹیگور ڈنمارک سے دوبارہ جرمنی گئے۔ اس مرتبہ لوگ انہیں دیکھنے کے لیے پہلے سے زیادہ بے تاب تھے۔ ٹیگور اس سے پہلے بھی ایک بار جرمنی جا چکے تھے اس لیے وہاں کے لوگ ٹیگور کو جانتے تھے اور جب وہ برلن یونیورسٹی میں تقریر کرنے گئے تو ہزاروں آدمی ہال میں بھر گئے۔ تِل دَھرنے کو جگہ نہ تھی۔ اسٹیج تک جانے کا راستہ بھی لوگوں سے بھر گیا تھا۔ پولیس نے راستہ پر سے لوگوں کو ہٹانے کی بہت کوشش کی۔ آخر مجبور ہو کر ایک پروفیسر اپنی جگہ سے اُٹھ گئے اور ساتھ ہی اپنے ایک سو شاگردوں کو بھی اٹھایا تب کہیں ٹیگور کو اسٹیج تک جانے کا راستہ مِل سکا۔ ٹیگور نے جب دیکھا کہ وہ پروفیسر اور اُن کے شاگرد اُن کو راستہ دینے کے لیے اپنی جگہ سے اُٹھ گئے تو ان کی بہت تعریف کی، اور دوسرے دن ان سب کو خاص طور پہ

ملنے کے لیے وقت دیا۔

اُسی سال ٹیگور باہر کے ملکوں کے دَورے سے واپس آکر جنوبی ہندوستان اور سیلون کے دَورے پر روانہ ہوگئے۔ سنہ ۱۹۲۳ء میں انھوں نے سندھ، آسام، کاٹھیاواڑ اور دوسری ریاستوں کا دَورہ کیا پھر مارچ سنہ ۱۹۲۴ء میں رنگون، سنگاپور ہوتے ہوئے چین پہنچے۔ جیسے ہی ٹیگور کا جہاز چین کی بندرگاہ شنگھائی پہنچا تو ہزاروں چینی "وندے ماترم" گانے لگے اور بڑی عزت سے اُن کو جہاز سے اُتارا۔ اُن دنوں بہت سے چینی انگلستان اور امریکہ سے تعلیم پاکر آئے تھے اور کتابوں میں ٹیگور کے بارے میں جو کچھ پڑھا تھا اس سے وہ ٹیگور کو پوری طرح سمجھ نہ سکے تھے، لیکن جب ان لوگوں نے ٹیگور کی تقریریں سُنیں تو ان کو بے حد چاہنے لگے۔ ۷ مئی کو وہاں کے لوگوں نے ٹیگور کی سالگرہ بڑی دھوم دھام سے منائی اس خوشی کے موقع پر چینیوں نے اُن کو ایک خوبصورت اچکن، پاجامہ اور ٹوپی کا تحفہ دیا اور ساتھ ہی

"پچو چین تان" یعنی "ہندوستان کا چمکتا ہوا سورج" کا خطاب بھی دیا۔

جب ٹیگور شنگھائی سے راجدھانی پیکنگ گئے تو چین کے شہنشاہ نے اُن کا شاندار سواگت کیا۔

چین کے بعد ٹیگور جاپان گئے۔ یہ اُن کا جاپان کا دوسرا دَورہ تھا۔ اس مرتبہ تو سارا جاپان انہیں دیکھنے کے لیے ٹوٹ پڑا تھا۔ یہاں چند روز گذار کر ٹیگور ہندوستان واپس آگئے اور اسی سال ستمبر ۱۹۲۴ء میں وہ جنوبی امریکہ کی حکومت کی دعوت پر پیرو روانہ ہو گئے تاکہ اس ملک کے سو سالہ جشنِ آزادی میں شریک ہو سکیں لیکن وہاں پہنچنے سے پہلے برازیل کے ایک شہر بیونس آئرز میں وہ بیمار پڑ گئے اور جب بالکل تندرست ہو گئے تو اٹلی میں چند روز آرام کر کے ہندوستان واپس آگئے۔

وینس اور نیپلز سے ہوتے ہوئے وہ ۱۹۲۶ء میں دوبارہ اٹلی گئے اور پھر یہاں سے وہ سوئٹزرلینڈ، آسٹریا، ناروے، سویڈن، ڈنمارک، جرمنی، چیکوسلواکیہ،

ہنگری، یوگوسلاویہ، رومانیہ، اور یونان سے ہوتے ہوئے مصر گئے اور پھر ہندوستان واپس آ گئے۔

۱۹۲۷ء میں ٹیگور پھر باہر کے ملکوں کے دَورے پر روانہ ہو گئے۔ اس مرتبہ وہ ملایا گئے اور وہاں سے جاوا ہوتے ہوئے بالی جزیرہ گئے۔ یہ خوبصورت جزیرہ انہیں بہت پسند آیا۔ ٹیگور کو یہاں یہ دیکھ کر اور بھی خوشی ہوئی کہ ہمارے دیس ہندوستان کی طرح وہاں کے لوگ بھی رامائن، گیتا اور مہابھارت پڑھتے ہیں۔

باہر کے ملکوں سے واپس آنے کے ایک سال بعد انہوں نے ملک کے مختلف مقامات کا دَورہ کیا اور وہ اس مرتبہ سیلون بھی گئے اور وہاں سے واپسی میں پانڈی چری بھی گئے تاکہ وہاں اروبندو گھوش سے ملیں جو ایک بڑے مہاتما تھے۔

جنوری ۱۹۲۹ء میں جب کہ ٹیگور شانتی نکیتن ہی میں تھے کہ اس وقت کے وائسرائے لارڈ اِرون

شانتی نکیتن دیکھنے آئے اور ٹیگور کی بہت تعریف کی کہ کس طرح انہوں نے ایک چھوٹے سے اسکول کو ایک بڑی یونیورسٹی بنادیا۔

ابھی وہ شانتی نکیتن میں زیادہ دن نہ رہنے پائے تھے کہ کناڈا کی حکومت نے انہیں وہاں آنے کی دعوت دی۔ چنانچہ اسی سال وہ کناڈا گئے، اور جب وہ کناڈا میں تھے تو امریکہ کی کولمبیا اور ہارورڈ یونیورسٹی نے انہیں وہاں آنے کی دعوت دی لیکن وہاں جانے کے لیے ٹیگور کو وقت نہ مل سکا، البتہ وہ کناڈا سے واپس آتے ہوئے جاپان اور انڈوچائنا بھی گئے۔

ٹیگور نے مارچ ۱۹۳۰ء میں آخری بار یورپ کے ملکوں کا دورہ شروع کیا۔ اس دورے میں وہ پہلے فرانس گئے اور پھر وہاں سے چیکو سلواکیہ، انگلستان، جرمنی اور ڈنمارک سے ہوتے ہوئے روس پہنچے۔ کوئی ایسا ملک نہ تھا جہاں کے لوگوں نے ٹیگور کا شاندار سواگت نہ کیا ہو۔ روس میں تو انہیں دیکھنے کے لیے لوگ گھروں سے باہر سڑکوں پر نکل آئے۔

ٹیگور نے روس میں دیہاتوں کا بھی دَورہ کیا تاکہ وہاں کے کسانوں سے مِل کر اُن کے حالات معلوم کریں۔ انہیں یہ دیکھ کر حیرت ہوئی کہ وہاں کے کسان ہمارے دیس ہندوستان کے کسانوں کی طرح غریب نہ تھے۔ روس میں چھوٹے سے چھوٹے گاؤں میں مدرسے دیکھ کر ٹیگور بہت خوش ہوئے کہ وہاں کی حکومت کو اپنے ملک کے بچوں کی تعلیم کا کتنا زیادہ خیال ہے۔

روس کا دَورہ ختم کرکے ۱۹۳۱ء میں ٹیگور پھر ہندوستان آگئے اور اس کے بعد پھر کبھی باہر کے ملکوں کے دَورے پر نہ جاسکے۔

ٹیگور نے آسٹریلیا، افریقہ کے سوا دنیا کے تقریباً ہر ملک کا دَورہ کیا۔ وہ جہاں بھی گئے اپنی تقریروں کے ذریعہ وہاں کے لوگوں کو آپس میں محبت سے مِل جُل کر رہنا سِکھایا اس کے ساتھ ساتھ ٹیگور نے دوسرے ملکوں کی اچھی باتیں معلوم کرکے انہیں اپنے مُلک میں پھیلانا چاہا۔

ٹیگور وہ پہلے ہندوستانی تھے جنہوں نے ساری دنیا میں اپنے دیس کا نام اونچا کیا۔ انہوں نے جس ملک کا بھی دورہ کیا، وہ ہمیشہ کے لیے ہندوستان کا دوست بن گیا اور اُن کی قابلیت اور ملنساری کی وجہ سے یُورپ کے کئی ملکوں سے لوگ اپنا وطن، چھوڑ کر ہندوستان آگئے اور شانتی نکیتن میں کام کرنے لگے۔

ٹیگور کے ان ہی دوروں کی وجہ سے وشوابھارتی میں دنیا کے تقریباً ہر ملک سے لوگ پڑھنے اور پڑھانے کے لیے آنے لگے اور اس طرح وشوابھارتی نہ صرف ہندوستان بلکہ ساری دنیا کی یونیورسٹی بن گئی۔

تصویریں بنانے کا کام

ٹیگور کو بچپن ہی سے نئی نئی باتیں سیکھنے کا شوق تھا اور وہ وقت کو کبھی بیکار کاموں میں نہ گنواتے بلکہ کچھ نہ کچھ کرتے ہی رہتے۔ چنانچہ انہوں نے ستر سال تک اپنے دیس کی خدمت کے ساتھ ساتھ نظمیں ڈرامے اور مضامین لکھنے کا بھی سلسلہ جاری رکھا۔

۱۹۳۰ سنہ میں جبکہ اُن کی عمر ستر سال کی ہوگئی تو انہوں نے تصویریں بنانے کا ایک نیا کام شروع کیا اور تھوڑے ہی دنوں میں بہترین تصویریں بنانے لگے۔

ٹیگور کو اس کام کا شوق اس طرح شروع ہوا کہ جب وہ نظمیں لکھتے اور کبھی کبھی انہیں درست

کرنے کے لیے کانٹ چھانٹ کرتے تو کاغذ پر جگہ جگہ مختلف قسم کی شکلیں بن جاتیں۔ ٹیگور ان ہی شکلوں سے کبھی پھول بنا دیتے تو کبھی کسی جانور کی شکل بنا دیتے اور اس طرح وہ تصویریں بنانے لگے اور بعد میں انہوں نے اس کام میں بہت دلچسپی لی۔ شروع میں تو وہ صرف روشنائی سے تصویریں بناتے تھے اور جوں جوں اُن کا شوق بڑھتا گیا انہوں نے مختلف رنگوں سے تصویریں بنانا شروع کیا۔ ٹیگور کا یہ شوق اِتنا بڑھا کہ انہوں نے دس سال کے عرصہ میں تقریباً تین ہزار تصویریں بنا ڈالیں۔

ہندوستان میں جب لوگوں کو ٹیگور کی تصویریں بنانے کے بارے میں معلوم ہوا تو وہ حیران رہ گئے کہ اتنی بڑی عمر ہونے کے باوجود ٹیگور نے ایک نئے کام کو شروع کیا اور تھوڑے ہی دنوں میں اس کام میں ماہر ہو گئے۔ جب یورپ کے لوگوں نے ٹیگور کی بنائی ہوئی تصویریں دیکھیں تو سب حیرت

میں پڑ گئے کیونکہ ٹیگور کی تصویریں یورپ کے مشہور تصویر بنانے والوں کی تصویروں سے کسی طرح کم نہ تھیں اور اس طرح ہندوستان سے زیادہ باہر کے ملک والوں نے ٹیگور کے اس کام کی تعریف کی۔ اب نہ صرف ہندوستان بلکہ باہر کے ملکوں میں بھی ان کی بنائی ہوئی تصویروں کی نمایش کی جانے لگی۔ جو بھی اُن تصویروں کو دیکھتا بے حد پسند کرتا اور اُس کے بعد سے اُن کا شمار دنیا کے بہترین، تصویریں بنانے والوں میں ہونے لگا۔

آخری زمانہ

جُوں جُوں ٹیگور کی عمر بڑھتی گئی اُن کے گھومنے پھرنے کا شوق کم نہ ہوا بلکہ بڑھتا ہی گیا ہندوستان میں کئی جگہ گئے۔ وہ گھوم پھر کر ساری دنیا کے لوگوں تک اپنا پیام پہنچانا چاہتے تھے۔ اُن کا چھوٹا نام "رابی" تھا۔ جس کے معنی سورج کے ہیں۔ وہ کبھی نہیں بھولتے۔ وہ کہا کرتے کہ، جس طرح سورج مشرق ہو یا مغرب، دنیا میں ہر جگہ روشنی دیتا ہے، اسی طرح وہ بھی یہ چاہتے ہیں کہ ساری دُنیا کے کام آئیں۔ وہ سیاست، نسل، رنگ اور ذات پات کے بندھن توڑ کر مشرق و مغرب کو گلے مِلانا چاہتے تھے اور بہت کچھ ایک دِل کر بھی دیا۔

اپنے خط میں لکھتے ہیں:

".... میں دِل سے یہ چاہتا
ہوں کہ میرا گھر، گھرانا
ساری دُنیا ہو۔"

ٹیگور کی اپنے ملک سے بے پناہ محبت کی وجہ سے مہاراجہ تری پُور نے انہیں "بھارت بھاسکر" کا خطاب دیا تھا۔ اس کے معنی ہیں "ہندوستان کا سورج" یہ خطاب اچھا ضرور ہے مگر ٹیگور پر پورا نہیں اُترتا، کیونکہ انہیں اپنے ہی دیس سے محبت نہیں، بلکہ ساری دنیا سے محبت تھی۔ ان کو دنیا میں ہر ایک سے پیار تھا۔ ان کی قائم کی ہوئی وِشوا بھارتی یونیورسٹی ساری دنیا سے ان کے پریم کی ایک جیتی جاگتی تصویر ہے، جہاں باہر کے ملکوں سے بھی لوگ پڑھنے اور پڑھانے کے لیے آتے ہیں، جس کا مقصد ہی ساری دنیا میں میل مِلاپ اور بھائی چارگی ہے اور جس میں مشرق اور مغرب کی ساری اچھی باتیں جمع ہوگئی

ہیں۔

ٹیگور ایک پکّے دیش بھگت تھے۔ انہوں نے ہندوستان کی قومی تحریک میں ایسے وقت میں حصّہ لیا جب کہ اس پر بڑے کڑے دِن آگئے تھے۔ انہیں اپنے وطن بنگال سے تو خاص محبت تھی، جس کی ایک جھلک ان کے ایک مشہور گیت "سنہرا بنگال" میں ملتی ہے:۔

مجھے تجھ سے پریم ہے، میرے دیس بنگال!
تیرا آکاش، تیری یاد، اے ماتا!
میرے لیے ایک اَن تھک سنگیت کی
بنسی بجا رہی ہے، بہاریں تیری
مہکتی اَمریاں مجھے دیوانہ کر دیتی ہیں
خزاں میں
تیرے ہرے بھرے کھیتوں کا
لہلہاتا مُسکان مجھے
ایسا رِجھاتا ہے کہ بیان نہیں ہو سکتا!"

یہ گیت بنگال میں گھر گھر گایا جاتا ہے۔

ٹیگور نے گاؤں سُدھار جیسے اچھے کام کے لیے پورا دھیان دیا اور گاؤں کی حالت کو بہتر بنانے کی بہت کوشش کی۔ گاؤں سدھار کا ہر کام ایک معمولی آدمی کو تھکا دینے والا ہوتا، مگر ٹیگور ایک غیر معمولی انسان تھے ان سارے کاموں کو کرتے ہوئے بھی انھوں نے ادب کی دنیا میں بھی بڑا کام کیا اور ایک خاص مقام حاصل کیا۔ ان کی چھوٹی کہانیاں اور افسانے ان کے ڈرامے آپ اپنا جواب ہیں۔ اپنی آخری عمر میں انھوں نے کچھ ڈراموں کو بدلا۔ انھیں ”ناچ کے ڈرامے“ بنائے۔ ان ڈراموں میں کہانی لفظوں میں نہیں کہی جاتی بلکہ اشاروں میں کہی جاتی ہے اور اس کے گیت اکیلا شخص نہیں گاتا بلکہ سب مِل کر گاتے ہیں۔ رات کا وقت، ٹھنڈی ہوا کے جھونکے، تاروں کی چھاؤں، شانتی نکیتن کا کُھلا وَرانڈہ اسٹیج کا کام دیتا۔ ایسے میں ٹیگور کے یہ ڈرامے اُس کی موسیقی بہار دے جاتے اور اداکاروں کے

رنگ برنگ کے لباس ناچ کو کچھ سے کچھ بنا دیتے۔

ٹیگور کو اس بات کا پورا پورا یقین تھا کہ خدا بڑی قدرت والا اور طاقت والا ہے۔ وہ چاہے تو سب لوگوں کو انسانیت کے ایک ہی رشتے میں جوڑ سکتا ہے۔

انھوں نے ایک بھجن میں اس کو بہت خوبصورتی سے ظاہر کیا ہے۔

"داتا تو ہمارا پالنہار ہے۔
اس بات کے ماننے میں
ہماری مدد کر کہ تو ہمارا پالنہار ہے۔
تو ہمارا اُجالا ہے۔
ہمارے اندھیرے دُور کر دے۔
ہم میں جو بھلا ہے، اسے روشن کر دے۔
تو خوشی ہے، خیر ہے
خوشی اور خیر کے مالک
ہم تیری بندگی کرتے ہیں۔"

انھیں یہ دیکھ کر بہت دُکھ ہوتا تھا کہ مذہب

کے نام پر لوگ بچھڑے ہوئے ہیں۔ وہ انسانیت کو انسان کا دھرم سمجھتے تھے۔

ٹیگور تو بس قدرتی نظاروں کے دیوانے تھے انہیں ہر خوب صورت چیز میں خدا کا عکس نظر آتا تھا اور اس کو بھجن کی شکل میں لکھتے۔ اُن کے یہ بھجن، پرماتما کی پوجا، بہار کے پھولوں، پہاڑی جھرنوں، خزاں کے کھیتوں، گرمی، سردی، بارش، آندھی اور سُنسان چاندنی راتوں کے ہوتے تھے۔

ایک بھجن یہ ہے۔

"میری شام کو (اے پرماتما)
تُو آباد کر دیتا ہے
حُسن کی پوشاک پہن کر آجاتا ہے
میں تجھے پرنام کرتا ہوں اور پیار کرتا ہوں
میرے دل کے اندھیروں
تیری شانتی شادمانی جگمگا اُٹھی ہے
میں تجھے پرنام کرتا ہوں اور پیار کرتا ہوں

اُس خاموش کُھلے، اُونچے
آکاش میں
ہَوا کے شانت جھونکوں میں
جو نیند کا اِنعام لیے ہوتے ہیں
میں تجھے پَرنام کرتا ہوں اور پیار کرتا ہوں
اِس یاتری کی سَرائے میں
جو تھکے قدموں اس نے پائی ہو
اِس مَہکتے گجرے میں
جو شام کے کِھلے پھُولوں گندھا ہو
میں تجھے پَرنام کرتا ہوں اور پیار کرتا ہوں

❋

ٹیگور آخری عمر میں خوب صورت، خوب صورت بھجن لِکھنے لگے۔ پَرماتما کو پکارنے سے ان کے مَن کو شانتی مِلتی:

"جو لوگ میرے پاس ہیں وہ کیا جانیں کہ
اِن سے بڑھ کر (اے پَرماتما)
تُو میرے پاس ہے۔

جو لوگ مجھ سے باتیں کرتے ہیں وہ کیا
جانیں کہ میرا دِل تیری باتوں سے
بھر پُور ہے
جو لوگ میرے راستے میں اکٹھا ہوتے ہیں وہ
کیا جانیں کہ میں تیرے ساتھ اکیلا چل رہا ہوں۔
جو لوگ مجھ سے پریم کرتے ہیں وہ کیا جانیں کہ
ان کے پریم نے تجھے میرے دل میں
اُتار دیا۔"

۱۹۳۱ء میں ٹیگور کی سترویں سال گرہ پر سارے ہندوستان میں خوشیاں منائی گئیں اور اس موقعہ پر ایک یادگار کتاب "ٹیگور کی سنہری کتاب" کے نام سے چھاپی گئی، جس میں دنیا کے مشہور لکھنے والوں نے ٹیگور کی تعریف میں مضامین لکھے تھے۔ سالگرہ منانے کے لیے کلکتہ کے ٹاؤن ہال میں ایک بہت بڑا جلسہ کیا گیا اور وہ کتاب ٹیگور کو پیش کی گئی۔

ابھی ٹیگور کی سالگرہ کی خوشیاں منائی جارہی

تھیں کہ ۵ جنوری ۱۹۳۲ء کو گاندھی جی کو گرفتار کر لیا گیا، جو لندن کی گول میز کانفرنس سے ہندوستان واپس آئے تھے۔ اس واقعہ سے ٹیگور بہت رنجیدہ ہوگئے اور انہوں نے سارے ملک والوں کو اپنی سالگرہ کی خوشیاں منانے سے روک دیا۔ جیسے جیسے دن گزرتے گئے۔ بات سُلجھنے کی بجائے اور اُلجھتی ہی گئی۔ کانگریس کے بہت سے لوگ جیل بھیج دیے گئے۔ ٹیگور کو گاندھی جی سے بڑی محبّت تھی۔ وہ ان کو ایک سچّا مہاتما سمجھتے تھے اور ان کی بڑی عزّت کرتے تھے۔

چنانچہ ۱۹۳۳ء میں جب گاندھی جی نے بَرت رکھا تو ٹیگور ان سے مِلنے کے لیے کلکتہ سے پُونا گئے۔ انہوں نے گاندھی جی سے بَرت توڑنے کو نہیں کہا۔ کہا تو یہ کہا کہ ہندوستان میں میل مِلاپ اور بھائی بندی کے لیے جان کی قربانی بھی کوئی چیز نہیں۔ ٹیگور کی موجودگی میں یہ طے

پایا کہ ہندوستانی اب سے اتحاد اور میل مِلاپ سے کام لیں۔ ٹیگور اس وقت تک ان ہی کے پاس رہے جب تک کہ گاندھی جی نے بَرت نہ توڑا۔

ایران کے بادشاہ کی دعوت پر ٹیگور ۱۹۳۲ء میں ایران گئے۔ یہ سفر انھوں نے پہلی بار ہوائی جہاز سے کیا۔ ایران پہنچنے پر بادشاہ نے خود اُن کا سواگت کیا۔ ٹیگور ایران سے بغداد گئے اور شاہِ فیصل سے بھی ملے۔

۱۹۳۳ء سے ۱۹۳۷ء تک ٹیگور نے ہر سال ہندوستان کے مختلف مقامات کا دَورہ کیا اور ان دَوروں میں وہ اپنے ساتھ اکثر شانتی نکیتن کے سنگیت کاروں اور ڈرامہ میں کام کرنے والوں کو لے گئے تاکہ ان ہی کے لکھے ہوئے ڈرامے کھیل کر اور سنگیت کے جلسے کرکے وِشوا بھارتی کے لیے پیسے جمع کرسکیں۔

چنانچہ وہ بمبئی، مدراس، سیلون، یوپی، پنجاب اور

حیدر آباد گئے۔ حیدر آباد میں عثمانیہ یونیورسٹی کی طرف سے انہیں "ڈاکٹر آف لِٹریچر" کی ڈگری دی گئی ان ہی دَوروں میں وہ ۱۹۳۶ء میں گاندھی جی سے دہلی میں ملے۔ گاندھی جی کو یہ دیکھ کر بڑا دُکھ ہوا کہ ملک کے اتنے بڑے شاعر کو اس بڑھاپے میں اپنی یونیورسٹی کے لیے پیسہ جمع کرنے سفر کی تکلیفیں اُٹھانا پڑ رہا ہے۔ چنانچہ انہوں نے اپنے ایک دوست سے وِشوا بھارتی یونیورسٹی کے لیے ساٹھ ہزار روپے دلوا دیئے تاکہ ٹیگور کو یونیورسٹی کا خرچ چلانے کے لیے اس طرح مصیبت نہ اُٹھانی پڑے۔

ستمبر ۱۹۳۷ء تک یہ دَورے کرتے رہے اور اس کے بعد سخت بیمار ہوگئے تو علاج کے لیے شانتی نکیتن سے کلکتہ چلے گئے۔ گاندھی جی اور جواہر لال انہیں دیکھنے کے لیے خاص طور پر کلکتہ آئے۔

صحت خراب ہونے کی وجہ سے ٹیگور نے سنہ ۱۹۳۸ء کا پورا سال بنگال ہی میں گزارا۔ البتہ سنہ ۱۹۳۹ء میں آخری مرتبہ بنگال سے باہر گئے جبکہ اُڑیسہ کی حکومت نے ان کو خاص طور سے دعوت دی تھی۔ ان کے یہ دَورے بہت تھکا دینے والے ہوتے کیونکہ وہ جہاں بھی جاتے ہزاروں لوگ انہیں دیکھنے کے لیے ٹوٹ پڑتے تھے۔ ہر جگہ انہیں تقریریں کرنی پڑتیں اور جلسوں میں شریک ہونا پڑتا۔ وہ ان ہنگاموں سے گھبرا جاتے اور اکثر شانتی نکیتن واپس آجانا چاہتے تھے۔ ایک مرتبہ وہ شانتی نکیتن سے کلکتہ جارہے تھے ان کے لیے ٹکٹ بھی خرید لیا گیا تھا اور کلکتہ میں ان کے سواگت کی ساری تیاریاں بھی ہوچکی تھیں۔ اسٹیشن کو ان کا سازو سامان اور آدمی بھی جاچکے تھے اور جب اسٹیشن جانے کے لیے ٹیگور شانتی نکیتن سے نِکلے تو راستہ میں انہوں نے دیکھا کہ سورج کے ڈوبنے

کا سماں بڑا ہی خوبصورت تھا۔ ان سے رہا نہ گیا انہوں نے اپنے ساتھیوں سے کہا کہ مجھے کلکتہ چلنے کے لیے کیوں مجبور کرتے ہو اور واپس چلنے کے لیے کہنے لگے اور اس طرح شانتی نکیتن واپس آگئے۔

اب ٹیگور بہت بوڑھے ہو چکے تھے اور دن بہ دن ان کی صحت گرتی جا رہی تھی لیکن اس کے باوجود وہ وِشوا بھارتی کی ترقی کے لیے برابر کام کرتے رہے۔ اس کام نے انہیں بہت تھکا دیا تھا۔ وہ اکثر بیمار رہنے لگے انہیں پوری طرح آرام کرنے کا مشورہ دیا گیا لیکن وہ آرام نہ کر سکتے تھے کیونکہ مختلف کاموں کے سلسلے میں انہیں جگہ جگہ پھرنا پڑتا تھا۔

جب سنہ 1940ء میں آکسفورڈ یونیورسٹی نے انہیں ڈِگری دینے کے لیے انگلستان بُلایا تو ٹیگور بیماری کی وجہ سے وہاں نہ جا سکے۔ چنانچہ

۷ نومبر ۱۹۴۰ء کو شانتی نکیتن ہی میں آکسفورڈ یونیورسٹی کی طرف سے ایک خاص جلسہ کیا گیا جس میں ٹیگور کو "ڈاکٹر اِن لِٹریچر" کی ڈگری دی گئی۔

ٹیگور نے اس جلسہ میں سنسکرت زبان میں تقریر کی۔

یورپ والوں کے دِلوں میں ابھی پہلی جنگ کی یاد تازہ ہی تھی کہ پھر ۱۹۳۸ء سے ہی سارے یورپ پر جنگ کے بادل چھانے لگے۔ دو سال پہلے ہٹلر نے اِسپین کی خانہ جنگی میں جنرل فرانکو کی طرف داری کی تھی۔ دوسرے سال اس نے اٹلی کے مسولینی کی طرف دوستی کا ہاتھ بڑھایا۔ اُدھر ۱۹۳۷ء میں جاپان نے دوبارہ چین پر حملہ کرکے زبردستی منچوریا کو چھین لیا۔

اس کے ایک سال بعد ہی یورپ میں ہٹلر نے اپنے پڑوسی ملک آسٹریا پر قبضہ کرلیا

اور وہ چیکو سلواکیہ کو ہڑپ کر لینے کی دھمکی دینے لگا اور چنانچہ اس کے ایک سال بعد ہی یکم ستمبر سنہ ۱۹۳۹ء کی صبح ہٹلر نے پولینڈ پر حملہ کر دیا اور اس طرح دوسری بڑی جنگ شروع ہو گئی۔ چونکہ ٹیگور نے یورپ کے اکثر ملکوں کا دورہ کر کے وہاں بہت سے دوست بنا لیے تھے اسی لیے جنگ کی خبر سُن کر وہ پریشان ہو گئے اور سوچنے لگے کہ وہاں رہنے والے دوستوں پر کیا گزر رہی ہو گی۔ انہیں ملک کے وہ لوگ یاد آئے جنہوں نے ان کا سواگت کیا تھا اور یہ سوچ کر انہیں بڑا دُکھ ہوا کہ جنگ انہیں ہلاک کر دے گی، جو بچیں گے وہ خانہ برباد ہو جائیں گے۔

ٹیگور نے مئی سنہ ۱۹۴۱ء میں اپنی عمر کے اسّی سال پورے کر لیے تو سارے ہندوستان میں ان کی سالگرہ کی خوشیاں منائی گئیں۔ اس موقعہ پر انہوں نے آخری بار پھر ساری دنیا سے مِل جُل کر

رہنے کی اپیل کی۔ امن و شانتی کی قدر و قیمت بتلائی۔ لالچ کے بُرے انجام سے دنیا کو آگاہ کیا۔ ان کا یہ پیام آج بھی دنیا کے سب ہی لوگوں کے لیے روشنی کا ایک مینار ہے۔

ٹیگور ۱۹۳۷ء کے بعد سے اکثر بیمار رہنے لگے اور اب تو وہ اتنے کمزور ہو گئے تھے کہ قلم بھی نہ پکڑ سکتے تھے۔ اس کے باوجود اُن کا نظمیں لکھنے کا شوق کم نہ ہوا وہ نظمیں کہتے اور دوسرے لکھا کرتے تھے۔

ٹیگور آخر دم تک نظمیں اور گیت لکھتے رہے ان کے یہ گیت معمولی معمولی چیزوں کی سُندرتا سے بھرے ہوئے ہیں۔ ایک میں شانتی نکیتن کے پاس ایک ندی 'کپائی' کا بیان ہے۔ پیاری پیاری بے ضرر یہ ندی دریائے پدما سے بالکل الگ تھی۔ جس میں طاقت تھی، ایک زور تھا اور جوانی میں انہیں بہت عزیز رہ چکی تھی۔ ایک گیت میں ایک سُندر لڑکی

کا ذکر ہے جو ان کے پاس کمپونڈ میں مزدوری کر رہی تھی۔ خوشی اور جوانی سے مالا مال اس کے معصوم قہقہے ٹیگور کو بہت بھائے ایک دوسرے گیت میں انہوں نے ایک گاؤں والے کی ایک تصویر اتاری ہے، جو دیکھنے کی چیز ہے۔

ٹیگور کی بڑائی اس میں ہے کہ سات برس کی عمر سے ستّر برس کی عمر تک انہوں نے جو بھی گیت لکھے ان میں زبان اور اَدب کے لیے نئے نئے تجربے کرتے رہے۔ اِدھر وہ یہ کیا کرتے اُدھر لوگ اُنہیں جلسوں میں بُلاتے۔ محبّت اور عزّت سے پیش آتے۔ وہ ان جلسوں سے بڑا کام لیتے۔ سچّی ہمّت سچّی آزادی اور سچّی شانتی کا پرچار کرتے ہیں۔

بروسلز میں عالمی امن کانگریس ہوئی۔ اس کے ارکان نے ٹیگور کا پیام بھی منگوایا انہوں نے لکھا:

"ہمیں اس وقت

تک شانتی نہیں
مِل سکتی، جب
تک کہ ہم اس
کی پوری پوری
قیمت اَدا نہ کریں،
جو یہ ہے کہ طاقتور
لوگ لالچ چھوڑ دیں
اور کمزور لوگ
نِڈر بننا سیکھیں۔"

اب جُوں جُوں دِن گذرتے گئے ٹیگور کی حالت اور خراب ہوتی گئی — وہ دن بدن کمزور ہونے لگے عزیزوں اور دوستوں کی موت نے انہیں بھی اپنی موت یاد دلائی وہ اکثر مرنے کا خیال کرتے اور یہ سمجھتے کہ موت بِن بُلایا انجان ایک مہمان ہے۔ جس کو خوش آمدید کہنا چاہیے، اس سے ڈرنا نہیں چاہیے۔

وہ لکھتے ہیں۔:

"جب مجھے زندگی
سے پریم ہے تو
موت سے بھی
پریم ہونا چاہیئے۔"

دو خیال ان کے دل میں ہمیشہ پیش پیش رہے۔ ایک خیال تو یہ تھا کہ پرماتما نے انہیں انسان بنایا، اس کے لیے وہ شکر گذار ہیں اور لکھتے ہیں:

"کیا ہی اچھا ہو کہ
چنگیر کو سارے
موسموں کے پھولوں
اور پھلوں سے
بھر لوں اپنے اِس
جیون کے اُجالوں
میں تجھے (اے پرماتما)
گذرتا دیکھ لوں۔
تجھے اپنے جیون

پھولوں کے گجرے پہنا دوں۔ جب زمین کی گردش میرے لیے پوری ہو جائے۔"

دوسرا خیال یہ تھا کہ موت کے بعد کیا ہوتا ہے؟

وہ کہتے تھے:

"موت آنے والے جیون کا ایک دروازہ ہے موت ایک نئی زندگی ہے۔ موت سنسار کو کھوجنے کے لیے ایک سفر ہے۔"

ٹیگور کی صحت دن بدن گرتی ہی جا رہی تھی۔ انہیں اکثر بخار رہنے لگا۔ ان کے شاگردوں اور

دوستوں نے شانتی نکیتن میں ہر طرح کا آرام پہنچایا اور بہت سے علاج کیے گئے۔ لیکن ٹیگور کی حالت نہ سنبھلی تو انہیں علاج کے لیے کلکتہ لایا گیا۔ جس وقت ان کی موٹر آہستہ آہستہ ان کے پیارے گھر شانتی نکیتن سے نکل رہی تھی تو سب کی آنکھوں سے آنسو جاری تھے۔ سب کے دل رو رہے تھے اور ہر ایک یہ محسوس کر رہا تھا کہ وہ پھر کبھی لوٹ کر اس شانتی نکیتن کو نہ آسکیں گے جس کو انہوں نے اپنے خون سے سینچا تھا۔ آشرم کے تمام لوگوں نے آخری مرتبہ شانتی نکیتن کا گیت گایا۔ جسے ٹیگور اس کے بعد پھر کبھی نہ سُن سکے۔

کلکتہ میں ان کا اچھے سے اچھا علاج ہوا۔ مگر موت کا کوئی علاج نہیں۔ انہیں موت کے پنجے سے بچانے کی بہت کوشش کی گئی۔ بڑے بڑے ڈاکٹر بلائے گئے لیکن وہ بھی کچھ نہ کر سکے اور آخر ظالم موت نے ۷ اگست

۱۹۴۱ء کو ہمارے پیارے گرو دیو رابندر ناتھ ٹیگور کو ہم سے ہمیشہ کے لیے چھین لیا۔ اس وقت ان کی عمر ۸۱ سال تھی۔ یہ بھی عجیب اتفاق ہے کہ وہ سکون اور شانتی کے اسی گھر میں دنیا سے اُٹھ گئے، جس میں جنم لیا تھا۔

مرنے سے پہلے ٹیگور نے اپنے ڈرامے "ڈاک گھر" کے لیے ایک نیا گیت لکھا۔ ان دنوں وہ اس ڈرامہ کی مشق کروا رہے تھے۔ مگر یہ مشق پوری نہ ہو سکی۔ ڈرامہ میں اس گیت کی جگہ وہ تھی کہ اس گیت کو ایک نڈر اور پیارے بچّے کے بسترِ مرگ کے پاس گایا جائے۔ وہ ڈرامہ تو شروع نہ ہوا مگر ٹیگور کی زندگی کا ڈرامہ ختم ہونے لگا تو ان کی، وصیت کے مطابق ان کی موت پر شانتی نکیتن میں شام کی پوجا میں یہ گیت گایا گیا۔

"سامنے سمندر ہے
امن اور شانتی کا سمندر!

کھیون ہارا
نیاّ ڈال دے
اچھا ہو کہ
فانی بندشیں ٹوٹ جائیں
اچھا ہو کہ
وسیع سنسار تجھے آغوش میں لے لے
اور تیرا نڈر دِل جان لے کر
نامعلوم، عظیم و اعلیٰ یہ ہے!"

گو آج ٹیگور زندہ نہیں ہیں، لیکن ان کا نام زندہ ہے اور ہمیشہ زندہ رہے گا
انہوں نے اپنی ساری زندگی انسانوں کی بھلائی کے کام میں گذار دی۔ یہ ٹیگور ہی تھے جنہوں نے کہانیاں، نظمیں، ڈرامے اور مضامین لکھ کر ساری دنیا میں اپنے دیس کا نام روشن کیا۔

ان کی نظر میں ساری دنیا کے انسان برابر تھے۔ یہی وجہ ہے کہ آج بھی نہ صرف

ہندوستان بلکہ ساری دنیا کے لوگ ٹیگور کا
نام بڑی عزت سے لیتے ہیں اور رہتی دنیا
تک بڑی عزّت سے لیا جائے گا۔

رابندرناتھ ٹیگور کے زندگی کے اہم واقعات

۷ مئی ۱۸۶۱ء کو شہر کلکتہ میں پیدائش۔ آٹھ سال کی عمر میں پہلی نظم لکھی۔ گیارہ سال کی عمر میں پہلی مرتبہ شانتی نکیتن گئے۔

چودہ سال کی عمر میں والدہ کا انتقال۔ ستمبر ۱۸۷۷ء میں سترہ سال کی عمر میں تعلیم کی غرض سے انگلستان گئے۔ چودہ مہینے کے بعد انگلستان سے واپسی۔

بیس سال کی عمر میں "والمیکی پربتھا" ڈرامہ لکھا اور خود بھی اس میں والمیکی کا پارٹ ادا کیا۔

۲۲ سال کی عمر میں مرنالینی دیوی سے شادی۔

سنہ ۱۸۹۰ء میں دریائے پدمہ کے کنارے شیلدہ میں گاؤں سدھار کا کام شروع کیا۔

سنہ ۱۹۰۰ء میں شانتی نکیتن گئے اور اسکول کھولا۔

سنہ ۱۹۰۲ء میں بیوی انتقال کر گئیں۔

سنہ ۱۹۰۳ء میں منجلی لڑکی ریشو کا مر گئیں۔

سنہ ۱۹۰۵ء میں والد سدھار گئے۔

سنہ ۱۹۰۵ء میں تقسیم بنگال کی مخالفت۔

سنہ ۱۹۰۷ء میں چھوٹا لڑکا خدا کو پیارا ہو گیا۔

اسی سال گیتان جلی کا انگریزی زبان میں ترجمہ۔

سنہ ۱۹۱۱ء میں پچاس ویں سالگرہ دھوم دھام

سے منائی گئی۔

سنہ ۱۹۱۲ء میں امریکہ کا سفر۔

نومبر سنہ ۱۹۱۳ء میں ہندوستان کو واپسی۔

اسی سال گیتان جلی پر نوبل پرائز دیا گیا۔

سنہ ۱۹۱۵ء میں انگریزی حکومت نے سَر کا خطاب دیا۔

سنہ ۱۹۱۶ء میں جاپان گئے۔

سنہ ۱۹۱۸ء میں لڑکی 'بیلا' کا انتقال۔

اپریل سنہ ۱۹۱۹ء میں جلیان والا باغ کا واقعہ اور سَر کے خطاب کی واپسی۔

دسمبر سنہ ۱۹۱۸ء میں شانتی نکیتن میں وِشوا بھارتی یونیورسٹی کا قیام۔

سنہ ۱۹۲۰ء میں تیسری بار انگلستان گئے اور پھر فرانس، جرمنی اور آسٹریا کا دَورہ۔

مارچ سنہ ۱۹۲۴ء میں رنگون، سنگاپُور، چین گئے پھر چین سے جاپان گئے۔

ستمبر ۱۹۲۴ء میں جنوبی امریکہ گئے۔
۱۹۲۶ء میں اٹلی، سوئٹزرلینڈ، آسٹریا، ناروے، سویڈن، ڈنمارک، جرمنی، چیکوسلواکیہ، ہنگری، یوگوسلاویہ، رومانیہ، یونان اور مصر گئے۔
۱۹۲۷ء میں ملایا، جاوا اور بالی جزیرہ گئے۔
۱۹۲۹ء میں کناڈا گئے۔
مارچ ۱۹۳۰ء میں آخری بار یورپ کے ملکوں کا دورہ۔
۱۹۳۰ء میں ستّر سال کی عمر میں تصویریں بنانے کا کام شروع کیا۔
نومبر ۱۹۴۰ء میں شانتی نکیتن ہی میں آکسفورڈ یونیورسٹی کی طرف سے "ڈاکٹر اِن لٹریچر" کی ڈگری دی گئی۔
مئی ۱۹۴۱ء میں اسّی سال پورے ہونے پر سارے ملک میں دھوم دھام سے سالگرہ منائی گئی۔ ۷ اگست ۱۹۴۱ء کو موت کی آغوش میں سو گئے۔

ہمارا قومی ترانہ

(جس کو ٹیگور نے لکھا۔ آج ساری دُنیا اس ترانہ کو جانتی ہے)

جَنا، گَنا، مَنا اَدھی نایک جئے ہے
بھارت بھاگیہ وِدھاتا
پنجاب، سندھ، گجرات، مَراٹھا
دَراوِڑ، اُتکل، وَنگا
وِندھیا، ہماچل، یُمنا، گنگا
اُچھل جَلَدھی ترنگا
تُو شُبھ نامے جاگے
تُو شُبھ آشِس ماگے
گاہے تو جئے گاتھا
جَنا، گَنا، منگل وایک جئے ہے
بھارت بھاگیہ وِدھاتا
جَئے ہے، جَئے ہے، جَئے ہے
جَئے جَئے جَئے ہے۔